交通运输行业高层次人才培养项目著作书系

U0649377

斜拉桥索塔小半径曲线预应力技术研究

Small-radius Curve Prestressing Techniques for
Pylons of Cable-stayed Bridge

程海潜　常　英　宗　伟　著

人民交通出版社

北　京

内 容 提 要

本书主要围绕斜拉桥索塔小半径曲线预应力技术,基于模型试验探讨了小半径曲线孔道接触应力、预应力不均匀状态和张拉伸长量控制,介绍了索塔总体设计、小半径曲线预应力设计与施工等方面的关键技术和工程实践。

本书图文并茂,具有较强的理论指导和实用性,可作为桥梁工程领域的科研、设计和施工的工程技术人员及相关专业学生的参考书。

图书在版编目(CIP)数据

斜拉桥索塔小半径曲线预应力技术研究/程海潜,常英,宗伟著. —北京:人民交通出版社股份有限公司,2025.4. —(交通运输行业高层次人才培养项目著作书系). —ISBN 978-7-114-20313-8

Ⅰ. U448.27

中国国家版本馆 CIP 数据核字第 2025P2E116 号

Xielaqiao Suota Xiao Banjing Quxian Yuyingli Jishu Yanjiu

书　　　名:	斜拉桥索塔小半径曲线预应力技术研究
著 作 者:	程海潜　常　英　宗　伟
责 任 编 辑:	李　敏
责 任 校 对:	龙　雪
责 任 印 制:	张　凯
出 版 发 行:	人民交通出版社
地　　　址:	(100011)北京市朝阳区安定门外外馆斜街 3 号
网　　　址:	http://www.ccpcl.com.cn
销 售 电 话:	(010)85285911
总 经 销:	人民交通出版社发行部
经　　　销:	各地新华书店
印　　　刷:	北京科印技术咨询服务有限公司数码印刷分部
开　　　本:	787×1092　1/16
印　　　张:	11
字　　　数:	200 千
版　　　次:	2025 年 4 月　第 1 版
印　　　次:	2025 年 4 月　第 1 次印刷
书　　　号:	ISBN 978-7-114-20313-8
定　　　价:	68.00 元

(有印刷、装订质量问题的图书,由本社负责调换)

交通运输行业
高层次人才培养项目著作书系

编审委员会

书系前言
PREFACE OF SERIES

进入 21 世纪以来,党中央、国务院高度重视人才工作,提出人才资源是第一资源的战略思想,先后两次召开全国人才工作会议,围绕人才强国战略实施做出一系列重大决策部署。党的十八大着眼于全面建成小康社会的奋斗目标,提出要进一步深入实践人才强国战略,加快推动我国由人才大国迈向人才强国,将人才工作作为"全面提高党的建设科学化水平"八项任务之一。十八届三中全会强调指出,全面深化改革,需要有力的组织保证和人才支撑。要建立集聚人才体制机制,择天下英才而用之。这些都充分体现了党中央、国务院对人才工作的高度重视,为人才成长发展进一步营造出良好的政策和舆论环境,极大激发了人才干事创业的积极性。

国以才立,业以才兴。面对风云变幻的国际形势,综合国力竞争日趋激烈,我国在全面建成社会主义小康社会的历史进程中机遇和挑战并存,人才作为第一资源的特征和作用日益凸显。只有深入实施人才强国战略,确立国家人才竞争优势,充分发挥人才对国民经济和社会发展的重要支撑作用,才能在国际形势、国内条件深刻变化中赢得主动、赢得优势、赢得未来。

近年来,交通运输行业深入贯彻落实人才强交战略,围绕建设综合交通、智慧交通、绿色交通、平安交通的战略部署和中心任务,加大人才发展体制机制改革与政策创新力度,行业人才工作不断取得新进展,逐步形成了一支专业结构日趋合理、整体素质基本适应的人才队伍,为交通运输事业全面、协调、可持续发展提供了有力的人才保障与智力支持。

"交通青年科技英才"是交通运输行业优秀青年科技人才的代表群体,培养选拔"交通青年科技英才"是交通运输行业实施人才强交战略的"品牌工程"之一,1999 年至今已培养选拔 282 人。他们活跃在科研、生产、教学一线,奋发有为、锐意进取,取得了突出业绩,创造了显著效益,形成了一系列较高水平的科研成果。为加大行业高层次人才培养力度,"十二五"期间,交通运输部设立人才培养专项经费,重点资助包含"交通青年科技英才"在内的高层次人才。

人民交通出版社以服务交通运输行业改革创新、促进交通科技成果推广应用、支持交通行业高端人才发展为目的,配合人才强交战略设立"交通运输行业高层次人才培养项目著作书系"(以下简称"著作书系")。该书系面向包括"交通青年科技英才"在内的交通运输行业高层次人才,旨在为行业人才培养搭建一个学术交流、成果展示和技术积累的平台,是推动加强交通运输人才队伍建设的重要载体,在推动科技创新、技术交流、加强高层次人才培养力度等方面均将起到积极作用。凡在"交通青年科技英才培养项目"和"交通运输部新世纪十百千人才培养项目"申请中获得资助的出版项目,均可列入"著作书系"。对于虽然未列入培养项目,但同样能代表行业水平的著作,经申请、评审后,也可酌情纳入"著作书系"。

高层次人才是创新驱动的核心要素,创新驱动是推动科学发展的不懈动力。希望"著作书系"能够充分发挥服务行业、服务社会、服务国家的积极作用,助力科技创新步伐,促进行业高层次人才特别是中青年人才健康快速成长,为建设综合交通、智慧交通、绿色交通、平安交通作出不懈努力和突出贡献。

交通运输行业高层次人才培养项目
著作书系编审委员会
2014 年 3 月

前　言

PREFACE

交通运输是国民经济中具有基础性、先导性、战略性的产业,是重要的服务性行业和现代化经济体系的重要组成部分,是构建新发展格局的重要支撑和服务人民美好生活、促进共同富裕的坚实保障。为加快建设交通强国,构建现代综合交通运输体系,国务院印发了《"十四五"现代综合交通运输体系发展规划》。"十四五"时期,我国将新增铁路营业里程 1.9 万 km、公路通车里程30.2 万 km、内河高等级航道里程2400km,民用运输机场达270 个以上,城市轨道交通运营里程超10000km,高速铁路网对 50 万人口以上城市覆盖率达到 95% 以上,普速铁路瓶颈路段基本消除,"71118"国家高速公路网主线基本贯通,现代化机场体系基本形成。到2035 年,便捷顺畅、经济高效、绿色集约、智能先进、安全可靠的现代化高质量国家综合立体交通网基本形成,基本建成交通强国。大跨径桥梁作为交通基础设施的关键节点和枢纽,跨越江河湖海、深山峡谷,可有力改善出行条件、有效带动沿线群众增收致富,更好地促进经济社会发展。未来桥梁建设还将在促进产业结构互补升级、引领关联产业发展方面发挥更大作用。随着交通网络的不断扩展与完善,桥梁工程技术也在持续进步,特别是在应对复杂条件方面的要求日益提高。大跨径斜拉桥作为现代桥梁工程的重要组成部分,其设计与施工面临着诸多技术难题。

大跨径斜拉桥索塔大量采用箱形截面混凝土结构,为抵抗斜拉索锚下强大集中力对箱形截面索塔的作用,通常在斜拉索锚固区布置平面预应力钢束。斜拉索锚固区平面预应力钢束线形一般为圆曲线,且因索塔截面尺寸的限制,曲线预应力钢束半径通常很小。这种小半径曲线预应力钢束,在张拉时引起较大的管道摩擦力和径向压力,导致张拉实测伸长值远大于按我国现行规范计算的理论伸长值。同时,预应力钢束中各根钢绞线的应力差别也较大,出于安全考虑,箱形截面混凝土索塔施工时,都会制作索塔锚固区足尺模型,针对小半径曲线预应力钢束做相应的张拉控制试验，以获得适合该桥的张拉控制参数，但其成本是较大的。因此，对小半径曲线预应力技术进行深入研究，提出一种符合小半径曲线预应力设计施工需求的通用方法或思路，指导设计施工，将具有重大意义。

本书汲取了恩利高速清江大桥、襄樊汉江三桥、忠建河特大桥和重庆涪陵乌江二桥的设计、科研成果。全书共6章，通过大量斜拉桥索塔锚固区设计施工实例，总结了小半径曲线预应力技术应用现状及特点；采用CT技术对弯曲孔道接触应力进行分析，优化了预应力筋布置设计；通过小半径弯曲孔道室内模型穿束观测试验和索塔锚固区小半径曲线预应力足尺模型张拉施工工艺试验，对小半径预应力钢束单根预应力筋不均匀状态进行分析，总结了小半径预应力钢束有效预应力不均匀性理论，提出了小半径预应力钢束有效预应力不均匀系数计算公式，编写了小半径预应力钢束应力不均匀系数计算程序，设计了张拉设备，有效降低了预应力不均匀性并获得了相关专利。

与普通预应力技术一样，小半径曲线预应力技术发展完善也需要足够的时间，应用领域不限于桥梁，本书无法全面涉及，而是以应用最为广泛的斜拉桥索塔小半径曲线预应力技术为主要对象作较全面的介绍，其他结构体系和结构形式的小半径曲线预应力结构可参考相关书籍。

希望本书能够对桥梁设计人员进一步认识和了解斜拉桥索塔小半径曲线预应力技术起到积极作用，为从事桥梁工程教学、科研、设计和施工的工程技术人员提供参考。由于作者水平和能力有限，书中难免有差错和不当之处，敬请读者批评指正。

湖北交通职业技术学院程海潜主要完成第3章和第5章的撰写，宗伟完成第1章、第4章、第6章的撰写，湖北省交通规划设计院股份有限公司常英完成了第2章的撰写；湖北交通职业技术学院叶恒梅参与撰写部分章节并进行全书统稿，湖北省交通规划设计院股份有限公司刘潜等为本书提供了相关资料，在此一并表示感谢。同时感谢参考文献的所有作者及未尽列出的文献作者，他们卓有成效的研究成果是本书研究的基础。

作　者
2025 年 2 月

目　录

CONTENTS

第5章　小半径预应力钢束单根不均匀状态分析

第6章　小半径曲线预应力张拉施工工艺试验研究

参考文献

第 1 章

CHAPTER 1

概述

1.1　预应力技术概述

美国工程师杰克逊(P. H. Jackson)及德国的道克林(C. E. W. Dchring)于 1866 年、1888 年相继把预应力技术用于混凝土结构。但这些最初的运用并不成功,低值的预应力很快在混凝土徐变和收缩后丧失。

预应力混凝土技术进入实用阶段,要归功于法国工程师弗莱西奈(E. Freyssinet)。他在对混凝土和钢材性能进行大量研究和总结的基础上,于 1928 年指出了预应力混凝土必须采用高强钢材和高强混凝土。这一论断是预应力混凝土在理论上的关键性突破。1938 年,德国的霍友(E. Hoyer)成功研制了不靠专用锚具传力的先张法预应力工艺,为预应力混凝土构件工厂化生产提供了简单可靠的方法;1939 年,弗莱西奈(E. Freyssinet)创制了锥形锚具及双作用千斤顶;1940 年,比利时的麦尼尔(G. Magnel)研制了麦式锲形锚具。这些研究成果为后张预应力混凝土提供了切实可行的生产工艺,为预应力技术在更大范围发展作出了贡献。第二次世界大战后,由于钢材紧缺,预应力混凝土结构大量代替钢结构用以修复被战争破坏的结构,这使得,预应力混凝土技术得到了蓬勃发展。1952 年成立的国际预应力协会(Fédération Internationale de la Précontrainte,FIP)更是极力推动预应力混凝土技术的发展。

目前,预应力技术广泛使用于桥梁、房屋建筑、压力管道、压力贮罐等结构领域,扮演着重要的角色。

1.1.1　相关概念

1.1.1.1　预应力

预应力是指在施工期间给结构预先施加的压应力。结构服役期间,预加的压应力可全部或部分抵消荷载导致的拉应力,改善结构服役表现,避免结构破坏。"预"表明施加的时机是对象被使用前。施加预应力的过程是:先张拉,后释放,释放过程中,变形受到阻碍,实现预应力的施加。

《公路钢筋混凝土及预应力混凝土桥涵设计规范》(JTG 3362—2018)中将配置预应力钢筋并通过张拉或其他方法建立预加应力的混凝土结构定义为预应力混凝土结构。

依照预应力混凝土之父——林同炎的理念,表述预应力混凝土结构的概念如下:在混凝土构件承受使用荷载前的制作阶段,预先对使用阶段的受拉区施加压应力,造成一种人为的应力状态。当混凝土构件承受使用荷载而产生拉应力时,首先要抵消混凝土结构的预压应力;然后随着荷载的增加,受拉区混凝土结构才逐渐产生拉应力,由此可推迟混凝土结构裂缝的出现和开展,以满足使用要求。这种在结构构件承受荷载以前预先对受拉区混凝土施加压应力的结构构件,就称为预应力混凝土构件。

用于混凝土结构构件中施加预应力的钢丝、钢绞线和预应力螺纹钢筋总称为预应力钢筋。

1.1.1.2　曲线预应力

曲线预应力指含有曲线段线形设计的预应力钢束。预应力设计线形的选择主要取决于结构受力需要,也与预应力施工工艺有关。

在先张法工艺普及的时期,预应力钢束在受拉工作状态下趋于直线,因此基本采用直线设计。但梁构件、曲线或曲面构件中后张法预应力钢束如果采用直线设计,预应力将不便施加,甚至无法施加。因此,后张法中预应力钢束采用曲线布设形式。

结合后张法工艺,曲线预应力可应用于梁、曲线形或曲面形受弯构件,目前在桥梁工程中尤为普及。例如,梁式桥的正负弯矩区预应力钢束、节段施工连续梁(刚构)桥的腹板束等。又如,在矮塔斜拉桥索鞍区,通常也采用预埋圆弧形钢管的设计形式,便于曲线预应力索通过。

一般的桥梁结构设计中,曲线预应力钢束长度宜在 20～60 m 之间,转角则在 5°～20°之间,弯曲半径宜在 10 m 以上。超长曲线预应力束因为孔道摩擦导致预应力损失,有效预应力显著降低,需增设连接器进行分段张拉。

1.1.1.3　小半径曲线预应力

《公路钢筋混凝土及预应力混凝土桥涵设计规范》(JTG 3362—2018)规定钢丝直径小于或等于 5 mm 的钢绞线束的曲线半径不宜小于 4 m;钢丝直径大于 5 mm 时钢绞线束的曲线半径不宜小于 6 m。在尺寸受限的特殊构件中布置曲线预应力钢束,难免转角大且弯曲半径小,当半径超出规范规定时,称之为小半径曲线预应力钢束。该规范条文准许对于特殊的管道和预应力钢筋,在采取特殊措施的情况下不受此限。例如,斜拉桥索塔锚固区水平预应力钢束受截面尺寸所限,弯曲半径在 1.5～1.8 m 之间,是典型的小半径曲线预应力。

1.1.2 预应力设计要点

1.1.2.1 预应力的布置

预应力布置应从结构的受力特点,所需预应力的大小、截面各部的尺寸,预应力体系的特点,以及经济效果、施工条件等多方面综合考虑。

(1)确定预应力筋数量。

先估算预应力筋的截面面积,然后根据每个钢束的截面面积计算所需要的钢束数。预应力筋截面面积的估算一般采用两种方法:①按承载能力极限状态进行估算;②按施工阶段和使用阶段构件上、下缘混凝土应力的限制值进行估算。

(2)确定预加应力的作用位置。

以全预应力混凝土连续梁为例,在跨中截面,预应力筋的最经济位置应是尽可能地靠近底部;在中间支点处,预应力筋的最经济位置应尽可能地靠近顶部;在两者之间的其他截面,如仍保持总的预应力不变,需相应地减小预应力作用点到中性轴的距离,钢束必须起弯,从中性轴的一侧过渡到另一侧;在靠近端部支点处,由于外荷载产生的弯矩逐渐趋于零,预应力的作用点则逐渐靠近中性轴,钢束的重心应尽量靠近中性轴处锚固。根据全预应力混凝土构件要求不使上、下缘出现拉应力的原则,必须按照在最小外荷载作用下和最不利使用荷载作用下两种情况,确定布置钢束时的钢束重心界限(称为束界)。钢束的布置,应使其重心线不超过束界范围。

(3)确定弯曲线形。

为减少曲线预应力筋张拉时摩阻应力的损失,钢束的弯起角度一般不宜大于20°,但从抗剪的角度,又要求钢束有较大的弯起角度。因此,只有在可能的条件下才选择较大的钢束弯起角度,还应注意采取必要的减小摩阻损失的措施。从设计角度,预应力筋的曲线形状通常为抛物线,有时也可采用圆弧线或悬链线,特殊情况时也采用折线形或直线形(如先张法预应力混凝土构件)。

1.1.2.2 构造要求

预应力钢束的布置除应满足受力要求之外,还应符合《公路钢筋混凝土及预应力混凝土桥涵设计规范》(JTG 3362—2018)等规范相关构造要求,例如,后张法预应力混凝土构件,其预应力筋应在靠近端支座区段横桥向对称起弯,宜沿纵向将梁腹板加宽;

在梁端部附近设置间距较密的纵向钢筋和箍筋;直线管道的净距不应小于40 mm,且不宜小于管道直径的0.6倍;曲线形预应力钢筋管道在曲线平面内相邻管道间的最小净距应按规范计算确定;预应力钢筋管道内径的截面面积不应小于2倍预应力筋截面面积等。

1.1.2.3 预应力筋的张拉控制力

预应力混凝土构件中预应力钢筋的张拉控制应力值 σ_{con} 应控制在小于或等于预应力钢筋抗拉强度标准值的75%。

1.1.2.4 预应力损失

施工因素、材料性能及环境条件的影响,都会引起预应力的损失。实际损失值大于或小于计算值,对混凝土结构的承载能力影响较小,但是影响其使用荷载下的性能(如变形、反拱、开裂等),在使用荷载作用下,过高或过低估计损失都是不利的。

《公路钢筋混凝土及预应力混凝土桥涵设计规范》(JTG 3362—2018)指出,在正常使用极限状态计算中,预应力混凝土构件应考虑由下列因素引起的预应力损失:预应力筋与管道壁之间的摩擦;锚具变形、钢筋回缩和接缝压缩;预应力筋与台座之间的温差;混凝土的弹性压缩;预应力钢筋的应力松弛;混凝土的收缩和徐变;此外,还应考虑预应力筋与锚圈口之间的摩擦、台座的弹性变形等因素引起的其他预应力损失。

预应力损失值宜根据实测数据确定。当无可靠实测数据时,可按规范规定计算。

1.1.3 预应力施工要点

在此仅简述与曲线预应力施工相关的工艺要点,以便明确后续预应力施工控制要求。

预应力施工工艺分先张法和后张法。

先张法是指首先在台座上或钢模内张拉预应力钢筋并作临时锚固,然后浇筑混凝土,待混凝土达到一定强度后剪断或放松预应力筋,将预应力筋剪断后将产生弹性回缩,利用预应力筋与混凝土的握裹力实现预应力施加。由于预应力钢束在受拉工作状态有恢复直线的趋势,所以,先张法预应力筋基本是直线或者折线布置。相比曲线布置,直线或折线布置受力不尽合理。

后张法是指先预留预应力孔道,再浇筑混凝土,混凝土达到一定强度后在孔道中穿束,之后进行张拉,用锚具在构件两端将钢筋锚固,阻止钢筋回缩,通过锚固端压力实现预应力施加。在后张法中,曲线预应力需预留弯曲孔道,一般采用预埋波纹管方式制孔。波纹管的技术要求、检验试验方法应分别符合现行《预应力混凝土用金属波纹管》(JG/T 225)和《预应力混凝土桥梁用塑料波纹管》(JT/T 529)的规定。为固定管道,定位筋应按照设计规定的结构形式和间距进行焊接安装,当设计无具体要求时,应设置成"井"字形,在直线段定位筋间距为 0.8 m,曲线段其间距加密为 0.5 m。

钢绞线应采用砂轮机下料。切断钢绞线前,应先在切割线左右两端 3 ~ 5 cm 处各绑一道扎丝,防止钢绞线散头。钢绞线下料长度按设计图纸要求确定,并考虑千斤顶张拉端的工作长度。预应力筋穿束前,应吹干管道,并对预应力筋单根和整束进行编号,预应力筋两端的编号应相同,与锚具各孔的编号应一致,以防错用。钢绞线穿束宜采用穿束机整束牵引工艺,整体穿束时,束前端宜设置穿束网套或特制的牵引头,应保持预应力筋顺直,且仅应前后拖动,防止钢绞线顺序错乱打拧、扭转,从而影响受力情况。

预应力钢束的张拉顺序应严格按设计规定进行,张拉时应保证混凝土结构或构件对称均匀受力,避免发生侧向弯曲或失稳。张拉施工前,应进行预应力工艺试验,并做好首件施工和评估。采用应力控制方法张拉时,应以伸长值进行校核。预应力筋张拉锚固后 48 h 内,应完成孔道压浆,宜采用真空辅助压浆工艺或循环压浆工艺,并进行工艺试验,验证压浆工艺和浆体质量。

1.2 小半径曲线预应力技术特点与研究概述

如前所述,在斜拉桥混凝土索塔的拉索锚固区,为平衡斜拉索传递的水平分力,防止塔柱在使用荷载作用下出现开裂,通常在索塔箱壁中水平方向设置 U 形曲线预应力钢束。因索塔尺寸的限制,预应力束曲线段半径通常很小,其半径多在 1.5 ~ 1.8 m 区间内,属于小半径曲线预应力。

这种在索塔箱壁中水平设置的预应力钢束,由两个 U 形半圆对向交错设置,形成环向封闭的预应力。具体有两种方式:一是横桥向开口、长边锚固的 U 形预应力钢束;二是顺桥向开口、短边锚固的 U 形预应力钢束,如图 1-1 所示。

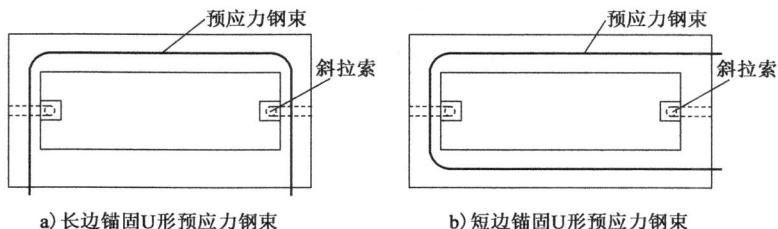

a) 长边锚固U形预应力钢束　　　　　　　b) 短边锚固U形预应力钢束

图 1-1　索塔环向预应力钢束布置方式

从已建成的斜拉桥的使用情况来看,水平环向预应力的应用总体是比较成功的,但也存在一些问题值得探讨和研究。

1.2.1　弯曲孔道钢束-混凝土接触问题

曲线设计的预应力钢束与孔道内壁混凝土之间的相互作用有以下特点:一方面,弯曲孔道内钢束张拉力的法向分量将钢束压向混凝土,由于张拉力巨大,接触区域的应力很大,有必要做专项详细的计算,校核构件的安全性能;另一方面,弯曲孔道内钢束与孔道内壁混凝土之间接触压力引起更大的管道摩阻力,应正确分析并准确计算由其造成的预应力损失。

接触问题在土木工程、石油化工、机械工程等领域中广泛存在。分析结构中的接触现象,对于了解结构的接触状态和应力状态、优化结构设计、确定加固方案或补强措施,都有非常重要的意义。

按接触固体的材料性质分类,弹性物体接触是最广泛的一类接触问题,其研究已相当成熟,研究范围包括弹性物体与弹性物体相接触、刚性物体与弹性物体相接触等问题。接触问题的解法也从最先的弹性理论开始逐渐发展并完善,后续的研究考虑黏弹性、塑性、各向异性、动力学和运动学特性,极大地发展了各种接触问题的理论基础,远远超过了弹性理论的范围。黏弹性物体接触则多研究线性黏弹性物体的接触(其应力和应变虽是线性关系,但这种关系与时间、速率相关),包括弹性物体与黏弹性物体的接触、刚性物体与黏弹性物体的接触等问题。塑性物体接触主要研究材料屈服后的接触,因为应力与应变是非线性的,所以,应变同应力的本构关系比较复杂,包括刚性物体与塑性物体的接触、弹塑性同时存在、纯塑性等问题。按设计施加预应力时,弯曲段混凝土受压产生的应变均在其弹性极限内,混凝土主要体现出弹性体的力学特性,因此,弯曲孔道钢束与混凝土间的接触可简化为弹性接触。

弹性接触问题分为非协调接触与协调接触。非协调接触是指两个物体的接触表面不一致,它们最初是一个点或是一条线接触,在荷载作用下,最初的接触点附近发生变形,致使它们在一个有限的区域内接触。如果两个接触物体具有规则的二次曲面,可适用赫兹接触理论,一般能得到解析解。赫兹接触问题的假设条件是:接触表面都是连续的且非协调的,表面无摩擦,接触物体间都发生小应变,每个物体可被看作是一个弹性半空间。而协调接触的物体,接触表面一致或接近吻合。这种情况下,荷载作用会使接触区尺寸迅速扩大,可能变得与接触物体本身的有效尺寸相当。

钢绞线虽然是钢材,具有极高的弹性模量,但作为束状形态与混凝土接触,其法向刚度不同于实体钢构件,抵抗弯曲变形的能力过小,在法向压力下易与混凝土保持协调接触,是一类特殊的接触问题。颜东煌、丁淑蓉等学者基于弹性或弹塑性材料假定,分别探讨了绳与滑轮、索与索鞍、绳与滚筒、耳板与销轴等类型的接触特性,研究了接触应力分布的规律;对此接触问题的接触压力计算,未见国内外有系统的理论研究。但在某些相关结构计算的研究中,涉及类似研究对象的接触压力计算。大多数文献认为接触压力在接触区段内均匀分布,压力集度为常数。少数研究对平均压力分布理论提出质疑,如朱炳文基于对销钉与销钉孔的挤压力分布给出了正弦分布假设下的压力计算结果;丁淑蓉、颜东煌等学者基于弹性或弹塑性材料假定,分别探讨了绳与滑轮、索与索鞍、绳与滚筒、耳板与销轴等类型的接触特性,研究了接触应力的分布规律。

进行接触分析,离不开试验手段。应力分析试验广泛应用的是光弹法,即利用对偏振光通过分析受应力引起的双折射透明模型后出现的干涉条纹来确定模型的应力状况分布。一百年来,尽管光弹法的试验技巧及分析方法有很大的进步和改善,发展了冻结应力切片光弹、全息光弹以及散光切片(亦称散射光法),但基本原理没有变化,主要是通过记录下模型在受载状况下的等倾线与等色线进行分析,在固体力学基础理论研究、传动机械研究领域,该法一直有很强的生命力。20世纪90年代,桥梁索塔、索鞍等重点复杂受力部位的应力分析多采用光弹模拟试验,相关文献较多,但一直以来,没有学者将光弹法推广应用于弯曲接触问题的分析。

21世纪以来,计算机层析扫描技术(Computed Tomography,CT)在混凝土微结构裂缝研究、损伤机制、界面分析等方面逐步开始应用。随着成像质量的不断提高,该技术在低弹性模量材料的接触应力分析方面已具备应用条件。

1.2.2　曲线预应力钢束伸长量超限问题

《公路桥涵施工技术规范》(JTG/T 3650—2020)规定预应力钢筋用应力控制方法

张拉时,应以伸长值进行校核。实际伸长值与理论伸长值的差值应符合设计规定。设计未规定时,其偏差应控制在±6%以内,否则应暂停张拉,待查明原因并采取措施予以调整后,方可继续张拉。这就是通常所谓的张拉施工作业中的控制应力和伸长量"双控"要求。

《公路钢筋混凝土及预应力混凝土桥涵设计规范》(JTG 3362—2018)规定了六项预应力损失,其中预应力钢束与孔道壁之间的摩擦引起的应力损失被定义为摩擦损失σ_{l1}。σ_{l1}主要由孔道的弯曲和孔道的偏差两部分影响所产生。预应力孔道一般由直线段和曲线段组成。从理论上说,直线孔道无摩擦损失,但由于施工中孔道位置的偏差及孔道不光滑等原因,实际上在钢束张拉时仍会与孔壁接触而引起摩擦损失,称此项为孔道偏差影响(长度影响)摩擦损失,其值较小,反映在系数k上。有效预应力的大小随着距张拉端距离的增大将逐渐变小,即距离预应力筋张拉端越远,预应力损失就越大。对于曲线孔道,除了孔道偏差影响之外,还有因孔道弯转、预应力钢筋对弯道内壁的径向压力所引起的摩擦损失,一般称这部分影响为弯道影响摩擦损失。其值较大,并随钢筋弯曲角度的增加而增加,反映在系数μ上。

大量施工实践表明,钢束越长、曲线孔道越多,预应力张拉的实际伸长量往往较理论伸长值偏小。但与长弯预应力钢束实测伸长量偏小的情况不同,小半径预应力钢束则是另一种异常情况——偏大。斜拉桥混凝土索塔锚固区U形预应力钢束长度一般为20 m左右,并非长弯束,但张拉的实测伸长值反而出现大于按我国现行规范计算的理论伸长值±6%的允许偏差。有文献表明,这类反常现象较为普遍,并非个案。

从武汉军山长江公路大桥、南京八卦洲长江大桥(原名南京长江第二大桥)南汊大桥、鄱阳湖大桥(原名湖口大桥)、润扬长江公路大桥开始,学者们不断提出预应力钢绞线伸长量偏大的问题,误差幅度在15%～50%之间。国内有学者对此现象进行了探讨,大多认为小半径预应力钢束伸长量超限是由于存在附加伸长。如张望喜、陈建阳等学者较早地在《大吨位小半径环向预应力在斜拉桥索塔锚固区中的应用研究》中提出并定义了附加伸长量、几何伸长量等概念。

在国外,国际预应力协会FIP在《FIP"预应力筋的张拉:力-伸长的关系"》研究报告中,研究了预应力筋的张拉力与伸长值的关系,探讨了影响伸长值的相关因素,提出了多根预应力筋张拉时的相互挤压影响,但没有专项探讨小曲率半径预应力筋的研究,也没有提出精确的计算方法。

小曲率半径预应力筋的张拉控制成为困扰桥梁工程技术人员的难题。《公路桥涵施工技术规范》(JTG/T 3650—2020)规定:对环形筋、U形筋等曲率半径较小的预应力束,其实际伸长值与理论伸长值的偏差宜通过试验确定。出于安全考虑,目前国内几乎每建一座箱形截面混凝土索塔斜拉桥,一般都会组织对该索塔进行摩阻测试,甚至会制作索塔节段足尺模型,以测定索塔锚固区所采用的小半径预应力钢束的摩阻系数。在实测参数的基础上,再按现行规范计算公式得出小半径预应力钢束的理论伸长值,不断调整方案直至符合规范要求为止。如武汉军山长江公路大桥在修建过程中进了索塔锚固区足尺模型试验及张拉工艺模型试验,分别对1、2、3、6、12根钢绞线组成的钢束进行分级张拉试验,测量钢束的伸长量,并通过在模型上开孔观察钢束中钢绞线在张拉后的排列情况,预应力钢绞线对孔道内波纹管的径向压缩作用,以及测量卸载后钢绞线的长度,得出以下结论:随着钢绞线根数的增加,各钢绞线的长度差距越大,实测伸长值与理论计算伸长值差别也增大。张拉过程中,钢绞线会随张拉力的增大,向孔道内侧挤压,产生了附加伸长量,也增大了摩阻系数,导致各钢绞线受力不均,建议通过试验确定摩阻系数,并给出了附加伸长量的范围为 0 ~ 15 mm。

虽然摩阻测试能针对性地解决工程项目的问题,但也有其不足:一方面,测设成本较大;另一方面,在提出对策时,多是对分析张拉试验数据后进行具体修正参数,并没有实质改变张拉效果,因此,不一定完全适用于其他工程项目。

1.2.3　小半径曲线预应力钢束单根应力不均匀问题

从实测伸长量超限现象入手,部分文献对小半径预应力钢束张拉进行了研究与探讨。

理论分析方面,唐红元提出了弯道段钢绞线的束效应、挤压效应、重排列等概念,其他学者以此为基础进行了进一步探讨与研究。陶齐宇在文献中首次认识到钢束伸长量的不均匀问题。

试验研究方面,国内的大型斜拉桥预应力混凝土索塔大多进行了预应力张拉控制试验。武汉军山长江公路大桥、南京八卦洲长江大桥,分南、北汊大桥、鄱阳湖大桥、润扬长江公路大桥、淮安大桥(原名五河口大桥)以及鄂黄长江大桥等项目在节段足尺模型上开展试验研究。如在润扬长江公路大桥修建过程中,东南大学预应力工程研究所进行了索塔锚固区足尺模型试验,进行了模拟斜拉索斜向加载试验,对小半径预应力钢束孔道摩阻系数、预应力钢束的伸长值进行了测定,但没有对预应力钢束单根应力进行测定。

施工控制方面,由于施工规范中对小半径预应力钢束的张拉没有专项要求,所以,目前施工单位一般的做法仍然是整束张拉。也有学者通过分析小曲率半径预应力束的束效应和挤压效应,用挤压系数对摩阻系数进行修正,并建议将张拉初应力提高到控制应力的20%~30%。但不论如何提高张拉初应力,都未能改变应力程度不均匀的实质。

可见,找到小曲率半径预应力钢束张拉伸长值超限现象"反常"的根源,给出有说服力的解释,并提出既能控制小曲率半径预应力钢束张拉伸长值,又能控制小曲率半径预应力钢束单根应力安全度的思路或方法,具有重大的意义。

第 2 章

CHAPTER 2

斜拉桥索塔小半径曲线预应力设计

2.1 斜拉桥索塔主要构造设计

确定合理的索塔外形和构造尺寸是斜拉桥设计的重要环节之一。作为斜拉桥的重要承重构件和景观效果的主体,索塔不仅承担结构自重产生的巨大轴力,还需要承受活载及风荷载等产生的弯矩。因此,斜拉桥索塔结构设计应兼顾桥梁总体布置、结构受力特点和景观需求,选择索塔形状,拟定索塔构造尺寸。

2.1.1 索塔形式

斜拉桥索塔造型丰富、形式多样。

从顺桥向看,常见的索塔形式有独柱式、A字形和钻石形等。独柱式索塔构造简单、施工方便,是最常用的索塔顺桥向形式。A字形和钻石形索塔在顺桥向采用分离的塔肢形式,构造及施工相对复杂。但是,索塔顺桥向刚度大,能够抵抗较大的顺桥向弯矩,适用于跨径较大的斜拉桥,如济南黄河大桥采用顺桥向A字形索塔,常泰长江大桥采用顺桥向钻石形索塔。

从横桥向看,常见的索塔形式主要有独柱形、H形、钻石形、倒Y形、A字形以及花瓶形等,如图2-1所示。

a)独柱形　　b)H形　　c)钻石形　　d)倒Y形　　e)A字形

图2-1　常见的索塔形式(横桥向)

独柱形索塔外形简洁、构造简单,但索塔需占用桥面横向宽度,且索塔横向刚度小,要求主梁具有较高的抗扭刚度,桥面以下需显著加大塔柱截面尺寸。设计拟定索塔截面尺寸时,应尽量减少索塔所占桥面宽度,索塔的上塔柱应满足斜拉索锚固空间的要求。独柱索塔适用于具有较宽中央分隔带主梁或分体式箱梁的桥梁,如海印大桥、芜湖长江公路二桥(图2-2)、昂船洲大桥(图2-3)的索塔等。

图2-2　芜湖长江公路二桥

图2-3　昂船洲大桥

H形索塔配合平行索面布置,竖直的双塔肢将斜拉索索力以最短的路径传递给索塔基础,其传力平顺、简洁,塔底承受斜拉索竖向分力产生的横向附加弯矩较小。当桥面较宽使得左右塔肢相距较远时,为保证桥塔横桥向受力性能,需要在桥面以上设置一道或两道横梁。横梁的设置可以减小塔柱横桥向截面尺寸和直立状态的计算长度,使得桥塔造型更加轻盈纤细、更具视觉美感,如九江二桥(图2-4)、荆岳长江大桥(图2-5)的索塔等。

图2-4　九江二桥

图2-5　荆岳长江大桥

钻石形索塔塔柱在桥面以下横向内收至整体式承台,索塔结构横向刚度较大、与地形条件的适应性好,但下横梁与塔柱节点区域构造和受力较为复杂、施工难度较大。对于抗风、抗震要求较高的大跨径斜拉桥,经常采用该类形式的主塔结构,如鄂东长江大桥(图2-6)、石首长江大桥(图2-7)的索塔等。

图 2-6　鄂东长江大桥

图 2-7　石首长江大桥

　　A 字形和倒 Y 形索塔同样具有较大的横向刚度。其中,A 字形索塔自塔顶开始向下分离为左、右两肢塔柱;倒 Y 形主塔索塔锚固区采用整体截面,索塔锚固区以下分离为左、右两肢塔柱;A 字形塔柱和倒 Y 形中、下塔柱横向为斜直线构造,塔底采用分离式承台。该类型索塔构造简单,适用于抗风、抗震要求较高的大跨径斜拉桥,如青山大桥(原名武湖长江公路大桥、青山长江公路大桥)(图 2-8)、苏通长江公路大桥(图 2-9)的索塔等。

图 2-8　青山长江大桥

图 2-9　苏通长江公路大桥

　　随着城市高质量的发展,对桥梁美学也提出了更高的要求。各种造型新颖的索塔应运而生,大量曲线元素应用到索塔构造之中,为斜拉桥增加了一丝柔和之美,如潼南涪江大桥(图 2-10)采用花瓶形索塔,外形圆润,造型美观;白居寺长江大桥(图 2-11)采用水滴形索塔,以展现“水滴石穿”所隐喻的持之以恒的奋斗精神。曲线形索塔外观新颖,但是受力较为复杂、施工难度增大,设计时需着重把握景观与经济性、施工难度之间的合理平衡,避免顾此失彼。

图 2-10 潼南涪江大桥

图 2-11 白居寺长江大桥

从已建成斜拉桥经验来看,通常以结构受力合理为原则,优先选择传力合理、造型简洁的塔形,在局部细节上,结合当地人文及周边环境因素修饰美化,以达到较好的景观效果。

2.1.2 索塔主要构造

斜拉桥索塔设计可遵循先总体、后局部的原则,首先根据桥址处地形与地质、河道与水文等建设条件,结合结构受力、景观需求等因素确定索塔形式,随后拟定索塔高度、塔梁连接形式、索塔锚固形式等设计要素,最后确定塔冠、塔柱、横梁、塔座等各个构件的构造形式。

2.1.2.1 索塔高度

索塔高度对斜拉桥刚度、经济性等有着重要影响。索塔桥面以下高度一般受路线纵坡控制,可调空间较小;索塔桥面以上高度 H 不仅与斜拉桥的主跨跨径 L 有关,还与拉索的索面形式、索距和水平倾角有关。对于同等主跨跨径,索塔高度降低,拉索的水平倾角变小,拉索梁端竖向分力变小,则需要较大索力提供竖向分力,从而提高拉索规格。同时,索塔高度降低,会减小拉索的张拉空间;反之,索塔高度增大,拉索的水平倾角变大,拉索提供竖向分力增加。斜拉索型号可减小,但索塔工程量及施工难度、拉索长度均增加。较大的拉索倾角会减小主梁压应力储备,对于混凝土主梁斜拉桥而言,会增加主梁预应力用量。

对于索塔高度控制,可用索塔桥面以上高度 H 与斜拉桥的主跨跨径 L 的比值来表示索塔高度的大致范围见表 2-1、表 2-2。对于双塔三跨式斜拉桥,H/L 的比值宜取 0.14 ~

0.25 之间;对于独塔双跨式斜拉桥,H/L 宜取 0.30～0.45 之间,拉索的水平倾角一般不小于 22°。通常,对于中小跨径斜拉桥,索塔的高度宜选用高值,以降低斜拉索的用钢量、减小主梁跨中挠度。但在特大跨径斜拉桥中,塔高的增加会造成风荷载的显著增加,靠增加索塔高度来提高全桥的刚度是不经济的,最好是加强端锚索或边跨选用地锚的方式,此时塔高和主跨比值宜选用低值。

部分已建单塔斜拉桥索塔设计情况　　　　　　　　　　表 2-1

序号	桥名	主梁类型	塔形	桥面以上塔高 H (m)	主跨 L (m)	H/L	边跨 (m)	上塔柱尺寸 (m)	塔底尺寸 (m)
1	黄河三桥	钢箱梁	倒 Y 形	169	386	0.44	280	8.4×8	11×6.2
2	海河大桥	混合梁	钻石形	126	310	0.41	190	6×3	8×7
3	1573 长江大桥	混凝土梁	H 形塔	115	270	0.43	208	7.6×4	13×6
4	建宁大桥	混凝土梁	钻石形	113	240	0.47	217.7	7.5×4	7.5×5.5
5	嘉陵江石门大桥	混凝土梁	独柱塔	113	230	0.49	200	9.5×4	9.5×4
6	潼南涪江大桥	组合梁	花瓶形	124	220	0.56	185	6.5×4.8	9.2×9.1
7	红枫湖大桥	混凝土梁	A 形塔	94	185	0.51	132	6.5×3.2	6.5×3.2
8	江湾大桥	钢箱梁	圆拱形	92	183	0.50	135	6.5×5	6.5×12
9	海华大桥	混凝土梁	H 形塔	88	180	0.49	150	7×4.8	9×6
10	红沙大桥	混凝土梁	A 形塔	84	138	0.61	138	6×4.5	7×7

部分已建双塔斜拉桥索塔设计情况　　　　　　　　　　表 2-2

序号	桥名	主梁类型	塔形	桥面以上塔高 H (m)	主跨 L (m)	H/L	边跨 (m)	上塔柱尺寸 (m)	塔底尺寸 (m)
1	苏通长江公路大桥	钢箱梁	A 形塔	230.4	1008	0.23	500	9×8	15×8
2	青山大桥	混合梁	A 形塔	226.5	938	0.24	350	9×6	15×10
3	嘉鱼大桥	混合梁	钻石形	199.8	920	0.22	430	9.2×9.2	13×10
4	石首长江大桥	混合梁	钻石形	200.2	820	0.24	400	8.5×9	13×10
5	南京大胜关长江大桥	钢箱梁	A 形塔	179.8	648	0.28	320	6.8×5	12×8.4
6	鄂黄长江大桥	混凝土梁	H 形塔	124.1	480	0.26	255	7×4.8	12×7.4

续上表

序号	桥名	主梁类型	塔形	桥面以上塔高 H（m）	主跨 L（m）	H/L	边跨（m）	上塔柱尺寸（m）	塔底尺寸（m）
7	十巫北高速汉江特大桥	组合梁	钻石形	95.5	370	0.26	162	6.5×9.9	9×8
8	乌江特大桥	混合梁	H形塔	116.8	360	0.32	125	7×4.5	11×9
9	双碑嘉陵江大桥	混凝土梁	独柱塔	108.2	330	0.33	220	7×4.5	10×13
10	彭溪河特大桥	混凝土梁	H形塔	84.3	316	0.27	158	6.2×4	10×8.5

通过对已建斜拉桥设计资料的统计分析,斜拉桥索塔桥面以上高度 H 与主跨跨径 L 的对应关系以及索塔上、下塔柱比例关系统计如图 2-12 和图 2-13 所示。

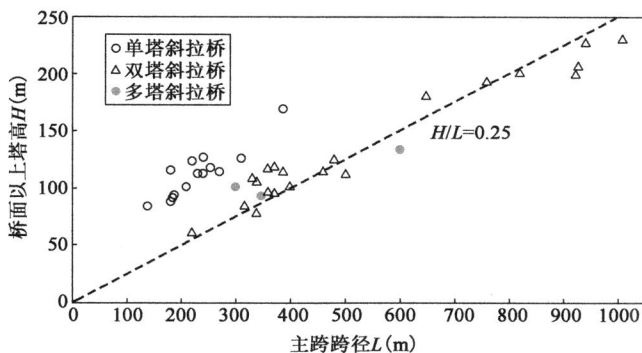

图 2-12　桥面以上塔高 H 与主跨 L 关系

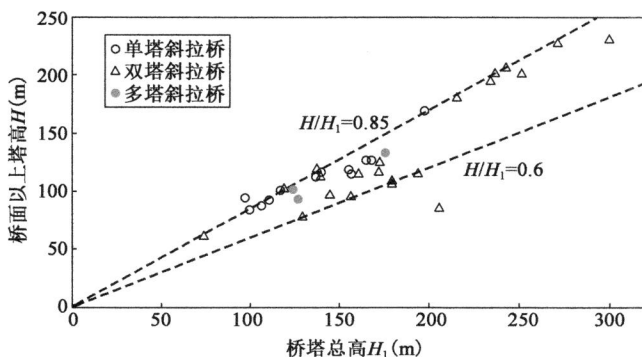

图 2-13　桥面以上塔高 H 与总塔高 H_1 关系

索塔上塔柱高度根据主跨跨度确定,下塔柱高度受桥址建设条件、路线总体设计高程控制。一般来说,桥面以上塔高 H 与总塔高 H_1 之比在 0.60 ~ 0.85 之间;此时主梁位于主塔中下部位,上、下塔柱比例相对协调,视觉感官上大桥重心偏下,稳重感强,景观较优。对于山区峡谷地形条件下的中小跨径斜拉桥,桥面以上塔高 H 与总塔高 H_1 之比往往低于 0.60;此时索塔下塔柱较高,塔柱风荷载及活载下塔底弯矩较大,下塔柱可采用整体箱形截面或设置一定高度大尺寸、空心截面塔墩,以提高结构整体刚度和桥塔稳定性,如平塘特大桥、彭溪河特大桥等。对于平原区的特大跨径斜拉桥,桥面以上塔高 H 与总塔高 H_1 之比往往高于 0.85;此时索塔下塔柱较矮,下横梁距塔底承台较近,下横梁预应力二次效应明显,且温度作用下横梁及塔柱受力均较大,设计时可取消下横梁,改用牛腿支承塔区梁段或采用 0 号索支承方式,同时可增加上横梁数量以增强桥塔稳定性,如青山大桥、武穴大桥等。

2.1.2.2　塔梁连接形式

塔梁连接形式决定了斜拉桥主梁的支承体系,常用的斜拉桥主梁支承体系有漂浮体系、半漂浮体系、塔梁固结体系、刚构体系等。一般根据斜拉桥静力分析和动力响应选择合适的塔梁连接形式。

(1)漂浮体系。

漂浮体系在塔区主梁设置 0 号索提供竖向弹性支承。此连接方式下塔区范围主梁在温度、收缩徐变、两跨满载等工况下负弯矩均较小,同时,地震时全梁纵向漂浮震荡,做长周期运动,从而减少了地震响应。由于斜拉索不能对梁提供有效的横向支承,漂浮体系需要在塔柱和主梁之间设置横向支座,同时,悬臂施工时主塔处主梁需要设置临时固结,以抵抗施工过程中主梁的不平衡弯矩和纵向剪力。

(2)半漂浮体系。

半漂浮体系主梁在桥塔处设置竖向支承,成为多点弹性支承的连续梁,属于支承体系的一种。与漂浮体系相比,半漂浮体系塔支承处主梁负弯矩较大,但减小了梁端水平位移,取消了 0 号索,具有较好的经济性和景观效果。半漂浮体系纵向可以不约束或者弹性约束。地震低烈度区的中小跨径斜拉桥梁端位移及结构动力响应不大,纵向可不约束。而地震烈度较高或者大跨径斜拉桥往往需要设置静力弹簧、阻尼器等纵向约束,以达到静力限位、动力耗能的功能。

(3)塔梁固结体系。

塔梁固结体系是将塔梁固结为整体支承在墩上,主梁内力、挠度与主梁、塔柱的弯曲刚度比值有关。该体系的优点是塔根部弯矩和温度内力小,但是塔、梁恒载及桥面活载需要通过大吨位支座传递给下构桥墩,支座设计、养护、更换难度大,而且动力特性不理想。因此,该体系只适用于中小跨径斜拉桥。

(4)刚构体系。

刚构体系将塔、墩、梁固结为整体。该体系避免了大吨位支座,同时方便主梁悬臂施工,结构整体刚度大、挠度小,具有较好的行车平顺性。但是,主梁在塔区固结处负弯矩大。对于双塔、多塔斜拉桥,温度作用、收缩徐变等水平变形引起下塔柱受力较大,可通过将下塔柱设计为双肢薄壁柔性墩来减小其水平抗推刚度,从而减小温度、收缩徐变等变形对下塔柱产生的水平力。因此,该体系适用于单塔斜拉桥或者下塔柱较高的双塔、多塔斜拉桥。

2.1.2.3 塔冠

塔冠位于塔柱的顶部,为非受力构件,一般为景观需求而设计。设计时可在局部细节处理上结合当地人文及周边环境因素修饰美化,同时注重与索塔整体景观的协调及点缀效果。使用功能上,塔冠需考虑塔顶防雷、防水、检修等附属设施的设计。

2.1.2.4 塔柱

塔柱是索塔重要的竖向传力构件,塔柱截面的选择对斜拉桥整体景观效果、施工组织和工程造价等具有一定影响。对于小跨径斜拉桥,可以采用简单的实心截面,此时斜拉索可以在塔柱中交叉锚固。对于中、大跨径斜拉桥,一般采用空心截面以节约造价,此时索塔锚固在塔柱空心区域,设计时需考虑空腔截面尺寸以满足索塔锚固区构造及张拉设备(包括千斤顶、张拉杆等)所需空间。

索塔截面尺寸可设计为等截面或变截面,对于小跨径斜拉桥,塔柱受力相对均匀,可用等截面设计,以减少施工难度,而中、大跨径斜拉桥一般根据塔柱内力分布情况采用变截面。常用的截面类型为矩形截面,其受力明确,施工方便;为了改善索塔抗风性能,可在矩形截面四周做成倒角或圆角,考虑与整体景观效果协调,也经常采用五角形、六角形、八角形截面。随着索塔设计中曲线造型的应用,塔柱曲线截面也应运而生,如 D 形截面、圆形截面等。采用该类型截面需要准确计算各角点的应力情况,并在设计时予以控制,同时也应考虑曲线截面带来的施工难度等因素的影响。常见的塔柱截面如图 2-14 所示。

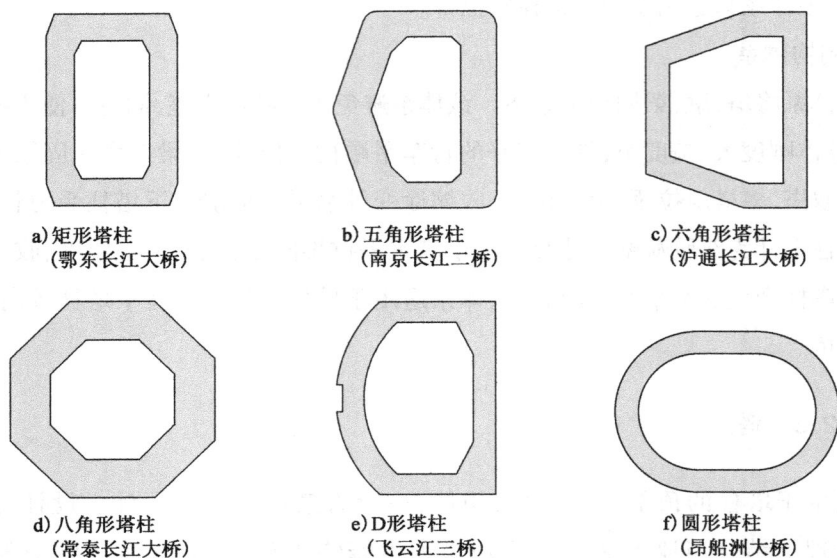

a)矩形塔柱
(鄂东长江大桥)

b)五角形塔柱
(南京长江二桥)

c)六角形塔柱
(沪通长江大桥)

d)八角形塔柱
(常泰长江大桥)

e)D形塔柱
(飞云江三桥)

f)圆形塔柱
(昂船洲大桥)

图 2-14　常见的塔柱截面

2.1.2.5　横梁

横梁设置于塔柱之间,作为横向联系增加索塔横向刚度、减少塔柱横向自由长度。索塔横梁数量和截面尺寸可以根据斜拉桥的强度、刚度、稳定性等受力特点以及景观需求确定。

横梁一般为预应力混凝土构件,设计中应注意横梁预应力锚固与塔柱竖向主筋之间的冲突,可采用深埋锚以减少对塔柱主筋的干扰,或结合景观设计将横梁外伸出塔柱一段长度以避免预应力锚具截断塔柱主筋。

横梁根据受力特点可以分为承重横梁和非承重横梁。设置于主梁梁底、承担主梁荷载的下横梁,其受力以受弯为主,是承重横梁的一种;设置于塔柱转折处的横梁,其受力以拉杆或者压杆为主,也是承重横梁。而设置于竖直塔柱的上横梁或者中横梁,主要为索塔提供横向刚度,为非承重横梁。

索塔下横梁位置一般受主梁高程控制。对于平原区的一些斜拉桥,当下塔柱较短时,设置较强的下横梁会引起中、下塔柱横梁交接处产生较大的横向弯矩突变,同时导致索塔整体景观效果亦较差。此时可取消下横梁、采用牛腿为主梁提供竖向支承,或者采用漂浮体系,通过设置 0 号索,取消下横梁的设置,改善塔柱的受力以及景观效果。例如,青山大桥南塔下塔柱桥面以下高度为 41.5 m,采用漂浮体系 A 形桥塔,取消下横梁后降低中下塔柱交界处截面角点压应力达 35%,并使得整座桥看起来高耸纤长、大气美观。如图 2-15、图 2-16 所示，武穴长江公路大桥南塔下塔柱桥面以下高度仅 21.6 m，主桥为半漂浮体系，采用无下横梁 A 字形桥塔方案，利用预应力混凝土牛腿实现塔梁连接，有效地降低了塔柱横向内力。

图 2-15　武穴长江公路大桥无 0 号索无下横梁桥塔

图 2-16　武穴长江公路大桥全景图

索塔上横梁位置的确定关系到结构整体受力性能及景观效果。从结构受力角度看，对于空间索面结构，斜拉索在塔柱范围内产生横桥向水平分力。将上横梁设置在索塔锚固区底部，为塔柱提供横向支承，可以消除斜拉索横向分力对桥塔根部产生的横向弯矩。从结构构造上而言，上横梁位置以避开索塔锚固区为宜。从桥梁景观角度看，过高的上横梁布置易导致桥塔视觉焦点上移，重心向上的趋势明显；过低的上横梁布置使得桥塔整体显得太过均衡，桥面视觉效果略显压抑。设计过程中可对比多个上横梁位置，选择结构受力与景观效果统一的上横梁位置方案。

2.1.2.6　塔座

塔座是索塔塔柱和承台之间的过渡部位，塔座厚度一般为 2m 左右，形状及尺寸由下塔柱截面向承台变化,起到刚度渐变、应力扩散的作用。塔座一般为大体积混凝土结构,设计时不宜采用高强度等级的混凝土,在施工过程中应注意防止水化热产生收缩裂缝。

2.1.3 索塔锚固区设计

索塔锚固区是将斜拉索的集中力安全、均匀地传递到索塔塔柱的重要受力区域。目前,常用的索塔锚固形式有交错锚固、钢锚梁、钢锚箱、混凝土齿块锚固等。对于中、小跨径斜拉桥,斜拉索索力相对不大,边、中跨拉索的纵桥向水平分力可直接由索塔塔柱承担,交错锚固和混凝土齿块锚固是合适的索塔锚固形式;该类锚固形式需在塔柱截面内配置一定的预应力钢绞线,以平衡斜拉索的水平分力。对于大跨径斜拉桥,斜拉索索力大,其纵桥向水平分力也大,常借助钢锚梁、钢锚箱平衡大部分拉索水平分力,从而减小塔柱截面承担拉索水平分力的比例,降低混凝土塔柱的设计难度和开裂风险;该类锚固形式的塔柱截面内可不配或少配预应力钢绞线。

混凝土齿块锚固占用塔内空间小,结构简单,且对水平倾角大的斜拉索塔端锚固适应性好,但需在塔柱截面内配置足够平衡拉索水平分力的预应力。钢锚梁、钢锚箱索塔锚固形式中,锚梁和锚箱平衡大部分拉索水平分力,小部分拉索水平分力和边中跨不平衡水平分力由混凝土塔柱平衡,塔柱承担的水平力相对较小。但钢锚梁、钢锚箱结构复杂,占用塔内空间较大,且需考虑斜拉索塔端张拉空间。因此,钢锚梁、钢锚箱对塔内空腔尺寸要求较高。

2.2 斜拉桥索塔锚固区总体设计

斜拉桥索塔锚固区受力与索塔截面形状、拉索布置形式、拉索角度与间距、斜拉索索力等多种因素相关,是斜拉桥索塔受力最复杂的区域。索塔锚固区作为斜拉索塔端锚固最重要的结构构造,总体设计时需满足其结构受力合理、施工方便可行、检测养护便捷等要求。

2.2.1 索塔锚固区形式

如图 2-17、图 2-18 所示,早期斜拉桥的拉索多采用稀索布置,拉索根数较少,索力较大,拉索本身由很多小索股组合而成,拉索截面面积较大。斜拉索一般在塔顶的鞍座上连续通过,鞍座在塔上则通过辊轴或铰来支承,或者直接固定在塔上。而对于较小截面的斜拉索,往往将斜拉索锚头固定在 U 形鞍座的双臂之间,以达到集中锚固的目的。

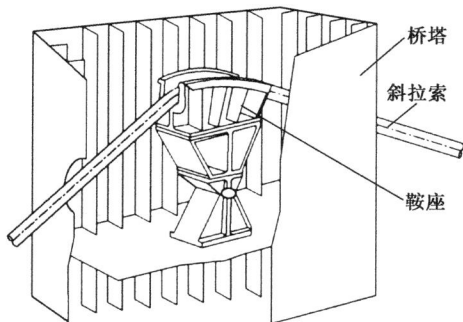

图 2-17　早期大截面斜拉索的鞍座锚固

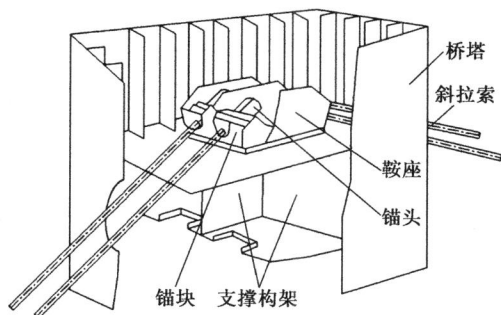

图 2-18　早期小截面斜拉索的鞍座锚固

现代斜拉桥绝大多数都采用密索布置,拉索数量的增多大幅降低了单根索力,拉索的截面面积、张拉吨位均减小。此时,在塔顶上采用拉索集中锚固的鞍座构造已不适用,而采用每根拉索在塔柱上分散锚固的构造更为合适、可行。现代斜拉桥设计中,斜拉索分散锚固的构造布置形式主要有交错锚固、钢锚箱锚固、钢锚梁锚固、混凝土齿块 + 水平预应力锚固等。

2.2.1.1　交错锚固

交错锚固一般适用于实心混凝土桥塔,在塔柱施工时预埋钢管,两侧拉索交叉穿过预埋钢管后锚固在钢管顶部的钢板上[图 2-19a)],利用塔壁实体上的锯齿形凹槽或凸形牛腿来锚固拉索。塔上可设张拉端,也可把张拉端设在主梁上。为了避免塔柱受扭,需采用横向对称排列的双索面布置[图 2-19b)]。

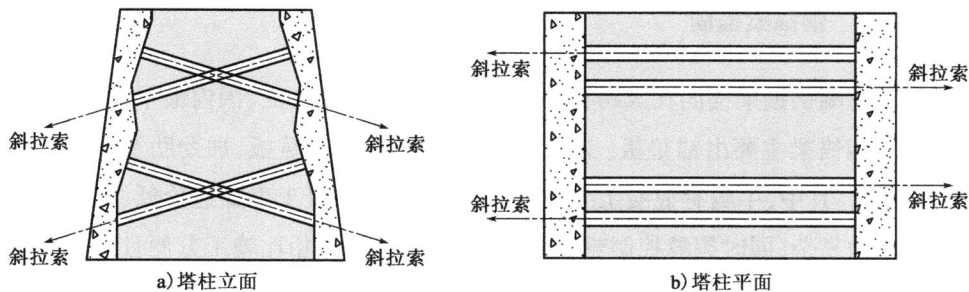

a)塔柱立面　　　　　　　b)塔柱平面

图 2-19　斜拉索塔端交错锚固示意图

交错锚固方式与单箱、多箱室索塔截面适应性差,因此在大跨斜拉桥索塔锚固中应用很少,其主要应用在有实心截面的中小跨径斜拉桥中,如九江大桥(2×160 m 单塔斜拉桥)、芙蓉江大桥(主跨 170 m 单塔斜拉桥,贵州)、长兴岛大桥(主跨 176 m 双塔斜拉桥,辽宁)等。

2.2.1.2 钢锚箱锚固

斜拉索塔端钢锚箱锚固(图2-20)主要分内置式钢锚箱锚固与外露式钢锚箱锚固两种,前者典型代表是苏通长江公路大桥,后者典型代表是法国的诺曼底大桥。

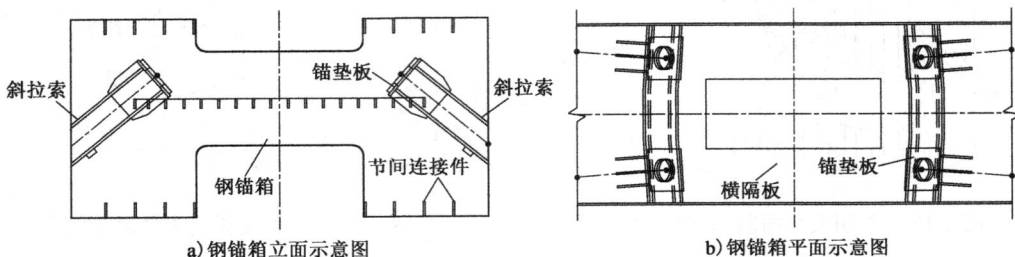

图2-20 斜拉索塔端钢锚箱锚固示意图

内置式钢锚箱锚固完全设置在混凝土塔柱的内部,在索塔的外侧看不到钢锚箱。外露式钢锚箱把混凝土索塔在锚固区分成两部分,在索塔的外侧能够看到钢锚箱的一部分。这两类钢锚箱结构相似,均由侧面拉板、端部承压板、腹板、锚板、锚垫板、横隔板、连接板、加劲肋等构件组成。斜拉索塔端钢锚箱锚固实际上为钢混组合结构锚固方案,其混凝土塔壁与钢锚箱在恒载阶段便共同受力,故一般需设置一定的水平环向预应力,以防止塔壁混凝土开裂。对于外露式钢锚箱,为使混凝土塔壁与锚箱之间紧密结合以共同受力,一般需配置环向预应力。

外露式钢锚箱与内置式钢锚箱受力特征上总体相似,斜拉索索力的水平分力大部分由拉板承担;相比较而言,外露式锚箱与混凝土塔壁之间力的传递过程相对复杂。

2.2.1.3 钢锚梁锚固

斜拉索塔端钢锚梁锚固在大跨径斜拉桥中的应用日益广泛,国内最早的工程案例是南浦大桥。钢锚梁主要由锚垫板、支承板、腹板、上盖板、下盖板、加劲肋及牛腿组成,如图2-21所示。其中,牛腿有混凝土牛腿与钢牛腿两种,混凝土牛腿造价低、但钢筋绑扎、立模浇筑较为复杂,同时裂缝控制难度亦较大,钢牛腿与之相比施工方便且耐久性好,是广泛采用的形式。

相对于钢锚箱,钢锚梁的受力更加明确,斜拉索的水平分力在恒载状态基本由钢锚梁承担,成桥之后活载产生的拉索水平分力由塔壁与钢锚梁共同承担(这里指牛腿与塔壁间采用刚性连接时),而斜拉索的所有竖向分力则经牛腿传递至塔壁。

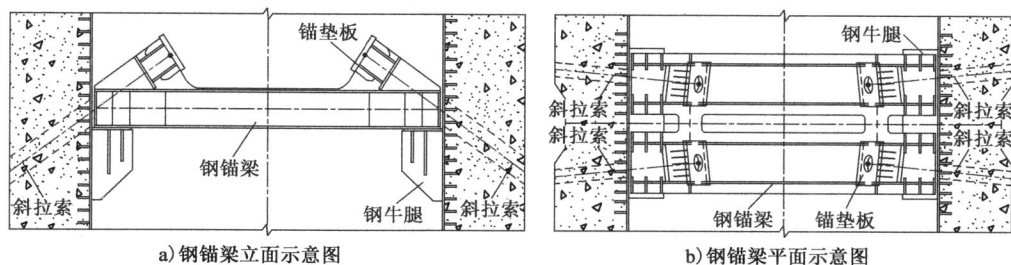

a)钢锚梁立面示意图　　　　　　　　b)钢锚梁平面示意图

图 2-21　斜拉索塔端钢锚梁锚固示意图

2.2.1.4　混凝土齿块 + 水平预应力锚固

混凝土齿块 + 水平预应力锚固在中小跨径斜拉桥中有着广泛的应用,一般在桥塔锚固区配置双 U 形、"井"字形预应力钢束(图2-22),依靠水平预应力钢束的预压力来抵抗拉索水平分力。

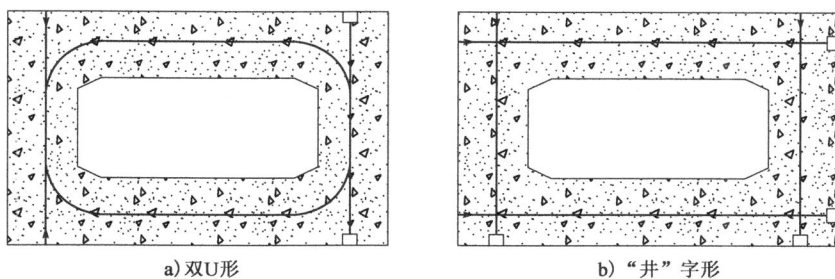

a)双 U 形　　　　　　　　　　b)"井"字形

图 2-22　斜拉索塔端环向预应力锚固

该锚固方式于塔壁内侧设锚固齿块或槽口,通过锚垫板将斜拉索直接锚固于塔壁之上,斜拉索的水平分力与竖向分力完全由塔壁承担。由于斜拉索的水平分力较大,往往需设置大规格的预应力钢束,从而导致塔壁易出现应力集中现象。设计时可采用分散锚固范围、加强局部配筋等措施,保证预应力混凝土锚固区局部承压、锚下抗劈裂等验算满足要求。

2.2.1.5　常用索塔锚固形式比较

对上述常用的几种斜拉索塔端锚固方案进行比较,通过图 2-23、表 2-3 综合对比可知,与钢锚箱、钢锚梁等锚固形式相比,混凝土齿块 + 水平预应力锚固形式具有构造简单、设计施工方便、用钢量少、造价便宜、后期养护工作量小等优点,且具有较大的承载能力。根据已建成的斜拉桥经验,混凝土齿块 + 水平预应力锚固形式在跨径 600 m 及以下的斜拉桥中应用案例较多,且运营状况良好,如南京八卦洲长江大桥南汊大桥(主跨 628 m 双塔钢箱梁斜拉桥)、武汉军山长江公路大桥(主跨 480 m 双塔钢箱梁斜拉桥)、外环江津长江大桥(主跨 436 m 双塔组合梁斜拉桥)等。本章后续将混凝土齿块 + 水平预应力锚固形式作为讨论的重点。

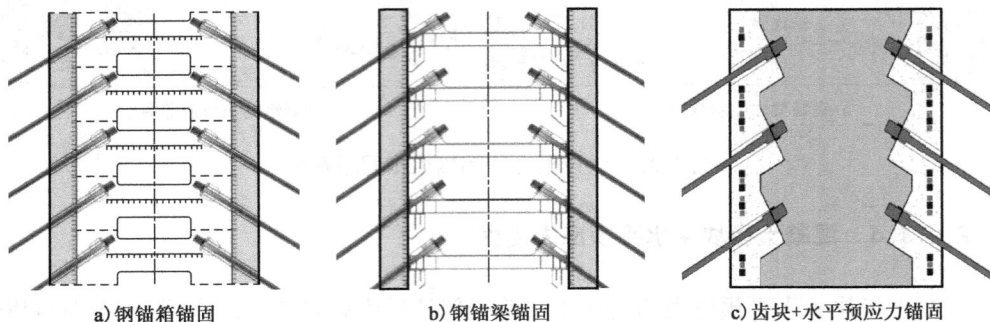

a) 钢锚箱锚固　　　　　　　　b) 钢锚梁锚固　　　　　　c) 齿块 + 水平预应力锚固

图 2-23　索塔锚固形式示意图

常用索塔锚固形式对比　　　　　　　　　　　　　　　　表 2-3

对比项目	锚固形式		
	钢锚箱锚固	钢锚梁锚固	齿块 + 水平预应力锚固
受力机理	钢锚箱与混凝土塔壁共同承担斜拉索力,拉索大部分水平分力由锚箱侧板承担,竖向分力通过端部承压板上的剪力健传递到混凝土塔壁上	钢锚梁支承于塔柱内侧的钢牛腿上(施工期间放松锚梁与牛腿的水平约束),拉索大部分水平分力由锚梁承担,竖向分力经钢牛腿传递给塔壁	在塔柱周边施加环向预应力,平衡拉索的水平分力,防止塔壁开裂
安装精度	工厂完成钢锚箱制作及预拼接。首节钢锚箱定位精度尤为重要,对后续钢锚箱定位精度影响较大	工厂完成钢锚梁及钢牛腿的制作,立模时需对每组牛腿进行精确定位、调整	全部在现场完成,锚垫板角度及位置控制精度较为重要
施工要求	对吊装能力有一定要求	对吊装能力有一定要求,钢锚梁的安装对塔柱内部空间有要求	无钢结构加工及吊装工序,施工相对简单,但需多次张拉预应力
适用范围	平行索面、空间索面	平行索面、空间索面	平行索面、空间索面
工程实例	苏通长江公路大桥、鄂东长江大桥	南浦大桥、荆岳大桥	杨浦大桥、鄂黄长江大桥
综合比较	施工质量易保证;锚箱与混凝土塔壁间受力分担比例难以准确计算;工程造价较高;吊装要求高;钢结构养护工作量大	施工质量易保证;结构受力明确;耐久性较好;工程造价较高;吊装要求高;对塔柱内空间有要求;钢结构养护工作量大	现场施工精度要求较高;结构受力性能较明确;结构耐久性较好,后期养护工作量小;工程造价低

2.2.2　预应力钢束类型

常用预应力钢束类型有精轧螺纹钢筋、高强钢丝、预应力混凝土用钢棒、钢绞线。水平预应力锚固根据预应力材料及锚固方式的不同主要可分为精轧螺纹钢筋环向锚固、高强钢丝环向锚固、预应力混凝土用钢棒环向锚固和钢绞线环向锚固四类。

(1)精轧螺纹钢筋环向锚固采用"井"字形布置。"井"字形布置可以避免预应力小半径弯曲的问题,但由于其属于刚性预应力筋而存在以下问题:①螺纹公差易导致锚固效果不佳,实测放张时钢筋上的螺纹与螺母间隙及变形为 2 mm 左右;②采用刚性预应力筋对锚固螺母、预应力粗钢筋、锚垫板三者施工安装精度要求较高,当螺母与垫板的接触面与钢筋轴线夹角为 4°~5°时,理论损失为 4 mm 左右,大大超出规范限值,导致预应力效果差;③精轧螺纹钢筋越短,预应力损失越高,预应力度越低。

(2)高强钢丝环向锚固采用"井"字形布置,钢丝锚固一般采用镦头锚形式,可避免小半径弯曲问题,且能解决钢束回缩值大的问题。但是,实际施工中带来新的不足之处:①由于镦头锚的特点,对钢束下料精度要求非常高,而实际塔柱混凝土施工时不可避免地存在偏差,导致钢束的实际长度与理论值存在差异,从而引起预应力损失和导致钢丝的有效应力难以准确确定;②高强镀锌钢丝(ϕ7 mm 或 ϕ5 mm)单根截面面积小,导致镦头数量多,而索塔锚固区均为高空作业,施工难度大。

(3)预应力混凝土用钢棒环向锚固采用"井"字形布置,其锚具组件采用支承式螺纹锚具旋转锁紧的锚固结构,可有效降低回缩量和预应力损失,同时锚具组件设计了安全防护装置(锚具防脱、放松装置),保证预应力体系锚固效果具有较好的可靠性。在实际施工中有以下缺点:①单根钢棒需要在厂内进行精细螺纹加工和无黏结层施工,导致其造价较高,一般综合单价相较于精轧螺纹钢筋高出 10% 以上;②预应力钢棒一般采用多根共同锚固的方式,导致桥塔侧壁槽口偏大,施工时需精细定位,尽量避免对索塔主筋的干扰。

(4)钢绞线环向锚固可采用"井"字形布置或者小半径曲线预应力布置,对于截面尺寸较大的区域,如索塔锚固区下端区域或塔柱长边方向,钢绞线直束长度可达 6 m 以上,此时采用"井"字形布置锚具回缩引起的预应力损失较小,预应力效率高。对于索塔锚固区截面尺寸较小的区域,预应力钢束的长度往往受上塔柱横桥向尺寸控制,当短束长度在 6 m 以下时,采用单端张拉锚具回缩引起的损失通常高达钢束有效应力的 25% 以上。为了尽量减小锚具回缩引起的预应力损失,钢绞线通常采用 U 形布置,以增加钢束长度。采用钢绞线环形预应力布置存在以下问题:①钢束弯曲半径很小,一般在 1.5 m 左右,很难超过 2.0 m;由于曲率半径小,预应力筋对管道的径向力大,钢束与管道间将不再是点接触,而是具有嵌入孔道的趋势,因此,摩擦系数也将相应增大;②同一束钢束中各根钢绞线伸长量与受力存在一定程度不均匀性。

索塔锚固区不同预应力类型对比情况见表2-4,钢绞线相较于其他预应力类型具有较高的强度,可采用"井"字形、U 形等多种布置形式,在实际工程中应用最为广泛。

索塔锚固区不同预应力类型对比　　　　　　　　　　　　　　表2-4

对比项目	预应力类型			
	精轧螺纹钢筋	高强钢丝	预应力混凝土用钢棒	钢绞线
盘条材质	低合金钢	高碳钢	中碳合金钢	高碳钢
成型工艺	热轧控冷	冷拔控冷	冷拔热处理	冷拔控冷
微观组织	铁素体+珠光体	索式体	回火索式体	索式体
强度等级（MPa）	785～1080	1470～1860	1420～1570	1720～1960
性能特点	强度低、韧性高、松弛高	强度高、韧性低、低松弛	强度高、韧性高、低松弛	强度高、韧性低、低松弛
锚固方式	螺母锚固	镦头锚固	标准螺纹锚固	夹片锚固

2.2.3 预应力钢束布置

为防止索力的水平分力作用造成索塔塔壁受拉而开裂,需要在塔柱内配置一定数量的水平预应力钢束,索塔锚固区通常采用的预应力钢束布置形式有"井"字形布置、环向U 形布置以及混合形布置等。

2.2.3.1 "井"字形布置

"井"字形布置形式最早应用于美国得克萨斯州的巴顿斜拉桥,到20 世纪90 年代开始在我国应用。1994 年,索塔锚固区采用"井"字形布置的郧阳汉江大桥(原名郧县汉江公路二桥)和杨浦大桥相继建成;随后,主跨432 m 的铜陵长江大桥也采用该布置形式并于1995 年顺利建成通车;此后,"井"字形布置形式在我国逐渐得到广泛应用,如洞庭湖大桥、江津长江大桥(图2-24)、芜湖长江三桥(图2-25)等。

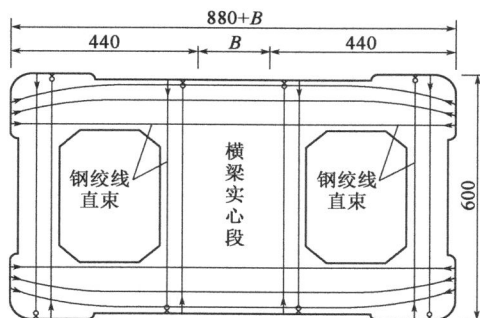

图 2-24 江津长江大桥"井"字形
布置(尺寸单位:cm)

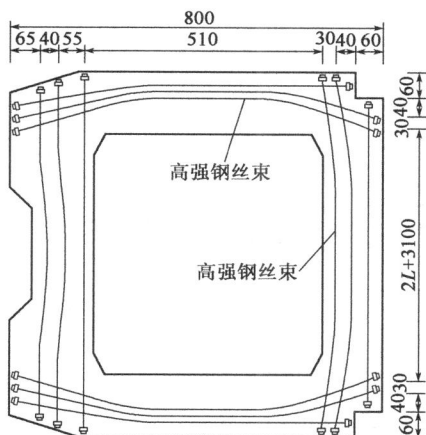

图 2-25 芜湖长江三桥"井"字形
布置(尺寸单位:cm)

"井"字形布置方式构造相对简单,预应力束基本采用直线布置,不存在钢束小半径弯曲的问题。对于大跨径铁路桥梁,塔柱截面尺寸较大,"井"字形布置下钢束长度往往可达 8 m,锚具回缩造成的预应力损失不显著。因此,铁路桥中"井"字形布置成为常用的形式,如芜湖长江三桥等。对于公路桥梁,塔柱截面尺寸不大,特别是塔柱横桥向尺寸较小,"井"字形布置的塔柱短边钢束长度一般为 3 ~ 5 m,锚具回缩引起的钢束预应力损失较大(短束最大预应力损失可达 40%),钢束效率的降低进一步增加钢束数量,且钢束直线布置所需锚具数量多,对塔柱纵向受力主筋干扰多,施工张拉、封锚等工作量也较大。

为了解决"井"字形布置锚具多、施工工作量大的问题,近年来,环向 U 形预应力钢束的布置越来越多被采用,预应力钢束采用高强度低松弛的钢绞线,每束长度大于 10 m,显著降低锚具数量与张拉工作量。受桥塔截面尺寸制约,U 形预应力钢束布置弯曲半径较小,一般为 1.5 m,通常采用塑料波纹管,以利于小半径管道的布设以及防止漏浆。张拉结束后采用真空吸浆工艺辅助压浆,确保管道内浆体饱满。

2.2.3.2 环向 U 形布置

环向 U 形预应力钢束平面布置有顺桥向开口 U 形索、横桥向开口 U 形索两种布置形式,如南京八卦洲长江大桥(图2-26)采用顺桥向开口 U 形索、润扬长江公路大桥(图2-27)采用横桥向开口 U 形索。不同布置形式对索塔的压应力分布具有较大影响,一般来说,采用横桥向开口 U 形预应力索布置时,往往顺桥向长边首先开裂;采用顺桥向开口 U 形预应力索布置时,往往横桥向短边首先开裂。具体设计时,可分别对比不同布置形式下长短边开裂荷载安全系数,当长边、短边开裂安全系数比较接近时,表明此时预应力布置形式更为合理,更能充分发挥钢束效率,具有更好的经济性。

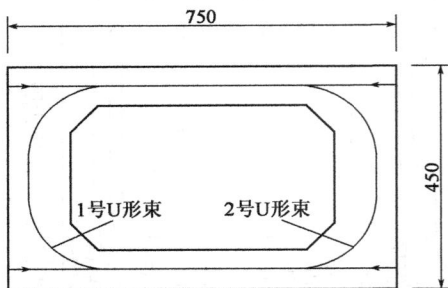

图 2-26 南京八卦洲长江大桥 U 形束 布置(尺寸单位:cm)

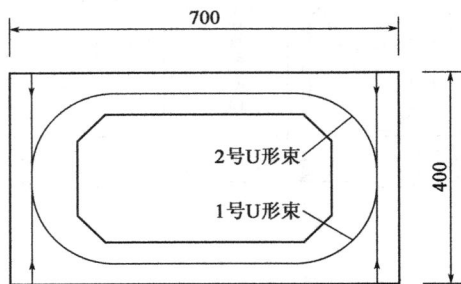

图 2-27 润扬长江公路大桥 U 形束 布置(尺寸单位:cm)

2.2.3.3 混合形布置

对于相对复杂的塔柱截面,为了保证长边、短边开裂安全系数趋于相等,还可采用环向 U 形预应力 + 直线束的混合布置形式。如武汉军山长江公路大桥(图 2-28)采用 U 形钢绞线索 + 长边直线束,鄱阳湖大桥(图 2-29)采用 U 形钢绞线索 + 短边直线束。

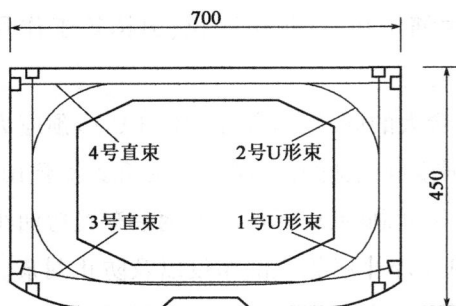

图 2-28 武汉军山长江公路大桥环向预应力 布置(尺寸单位:cm)

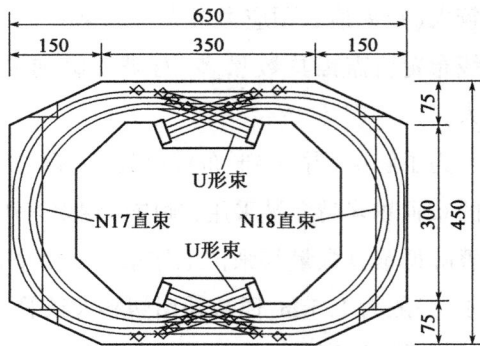

图 2-29 鄱阳湖大桥环向预应力 布置(尺寸单位:cm)

表 2-5 为部分已建成斜拉桥斜拉索塔端锚固采用混凝土齿块 + 环向预应力锚固体系的统计数据。从表 2-5 可知,混凝土齿块 + 环向预应力锚固体系已在跨径 600 m 的斜拉桥中实际应用,且在跨径 500 m 以下斜拉桥中有着较多应用。索塔锚固区预应力布置形式也具有多样性,从统计来看,采用横桥向开口 U 形束的布置形式较为普遍。

部分已建斜拉桥混凝土索塔锚固形式一览表　　　表2-5

序号	桥名	主跨 L（m）	桥塔类型	索力（kN）	锚固形式	钢束型号	锚固区塔柱尺寸（m×m）
1	南京八卦洲长江大桥南汊大桥	628	钻石形	6000	顺桥向开口U形束	19φ˚15.20	7.5×4.5
2	杨浦大桥	602	倒Y形	7000	"井"字形高强钢丝束+穿插环向弧形束	48φ˚7	8.0×6.5
3	芜湖长江三桥	588	门形	16000	"井"字形高强钢丝束	36φ˚7	8.2×8.0
4	鄂黄长江大桥	480	钻石形	7100	横桥向开口U形束	19φ˚15.20	7.0×4.8
5	椒江铁路大桥	480	H形	12400	横桥向开口U形束	19φ˚15.20	8.0×5.5
6	武汉军山长江公路大桥	460	钻石形	6000	横桥向开口U形束+顺桥向直束	15φ˚15.20	7.0×4.5
7	江津大桥	436	A字形	8200	"井"字形预应力钢束	9φ˚15.20	6.0×4.4
8	润扬长江公路大桥	406	钻石形	5200	横桥向开口U形束	19φ˚15.20	7.0×4.0
9	鄱阳湖大桥	318	花瓶形	5300	顺桥向开口U形束+横桥向直束	22φ˚15.20	6.5×4.5
10	松花江大桥（原名前扶松花江大桥）	240	独柱形	6500	横桥向开口U形束	15φ˚15.20	7.5×4.0

2.3　斜拉桥索塔锚固区设计实例

2.3.1　清江大桥

　　清江大桥是沪蓉国道主干线恩施至利川高速公路（简称恩利高速）的控制性项目，桥址位于恩施市境内,桥梁跨越清江。

　　清江大桥桥型布置如图2-30所示。

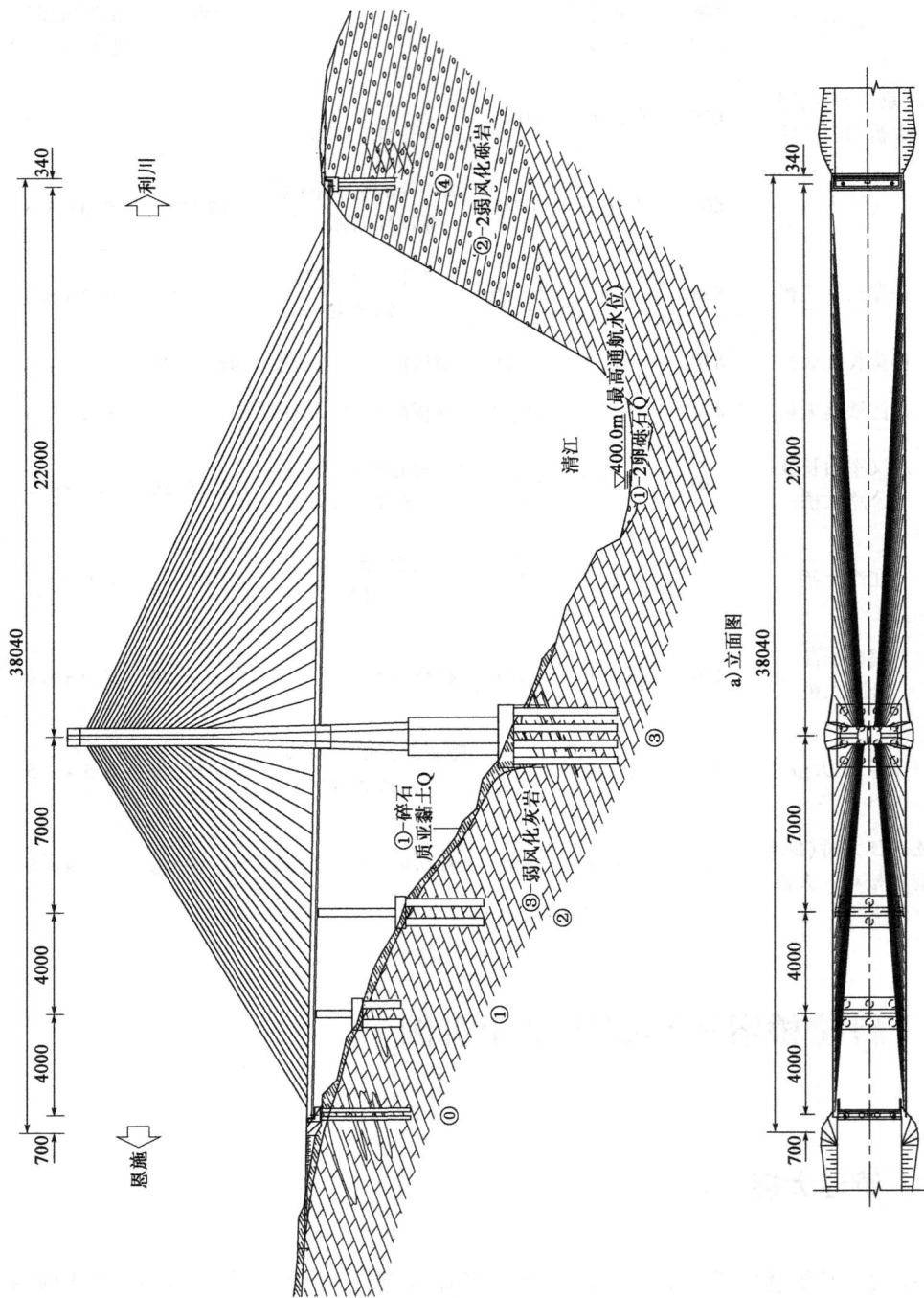

a) 立面图

b) 平面图

图 2-30　清江大桥桥型布置图（尺寸单位：cm）

桥型结构为主跨 220 m 的独塔 PC 梁斜拉桥,跨径布置为(40 + 40 + 70)m + 220 m,全桥长 380.4 m。桥梁总体结构为塔(墩)梁固结体系、主梁与其他墩台之间设支座连接。

主梁采用构造简单、施工方便的双边主肋形预应力筋混凝土主梁(边主梁)方案。如图 2-31 所示,主梁顶面全宽 28 m,其中两侧锚索区各宽 1.75 m,桥面有效宽度为 24.5 m (其中,中央分隔带 1.5 m,两边侧安全带各 0.5 m),主梁底面全宽 28.5 m。顶面设 2% 双向横坡,边肋高 2.4 m,梁中部全高 2.68 m,顶板厚 32 cm。顶板设两道纵向加劲矮肋 (肋高为 80 cm、宽为 1.0 m)。因总体结构受力和控制结构变形的需要,部分梁段采用箱形截面或实心截面。每一节段主梁设一道横隔梁,横隔梁与主梁同高,宽度为 32 cm。主梁采用 C60 高强度等级的混凝土。

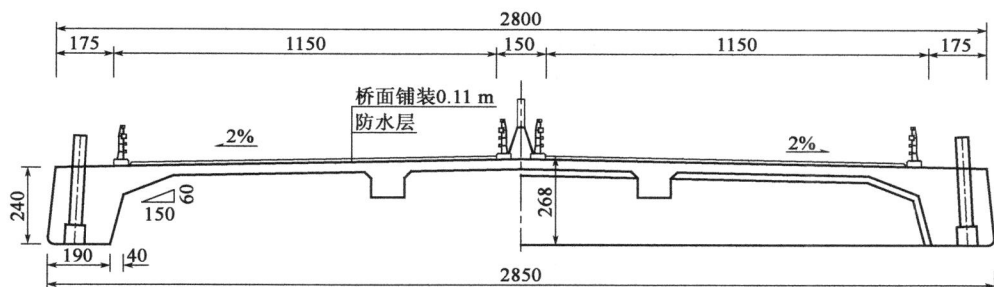

图 2-31　清江大桥主桥标准横断面(尺寸单位:cm)

索塔结构分上部"塔身"和下部"塔墩"两部分。如图 2-32 所示,索塔全高 166.50 m,桥面设计高程以上高度为 95.453 m。索塔顺桥向为独柱形,上部塔身(横桥向)为宝石形结构,高度为 131.80 m(不含塔顶辅助设施的建筑高度),下部塔墩(横桥向)为带横梁的门形结构,塔墩高度为 34.7 m。塔墩下设高 6 m 的实心承台,每一承台下设 24 根 φ3.0 m 的桩基。索塔塔身部分采用强度等级为 C50 的混凝土,索塔塔墩部分采用强度等级为 C40 的混凝土,承台和桩基为强度等级为 C30 的混凝土。

全桥共设 2×25 对斜拉索,斜拉索采用镀锌低松弛高强度平行钢丝束,为双层 PE 防护、工厂生产的成品索。运营期间最大索力 7057 kN,斜拉索最大型号 PES7-283。

索塔锚固区采用环向预应力平衡斜拉索拉力,为小半径 U 形预应力 + 直束混合配束的形式。如图 2-33 所示,索塔锚固区顶部上、下游塔肢为整体截面,索塔锚固区下部上、下游塔肢为分离截面,平面布置上一共采用 9 种形式钢束。N1、N2 为横向开口 U 形长束,弯曲半径 $R = 1.5$ m,应用于锚固区上部整体截面。N3 为横向开口 U 形短束,弯曲半径 $R = 1.5$ m,应用于锚固区整体截面及分离截面。N4、N5 为横桥向直束,应用于锚固区整体截面及分离截面。N6、N8、N9 为塔柱外侧顺桥向钢束,适应塔柱截面导 $R=$ 8.0 m 的圆曲线,N7 为塔柱内侧顺桥向直束。N4、N5 横桥向直束采用 15.2-16 钢绞线,每束张拉控制力为 3128.4 kN,其余类型钢束均为 15.2-12 钢绞线,每束张拉控制力为 2343.6 kN。

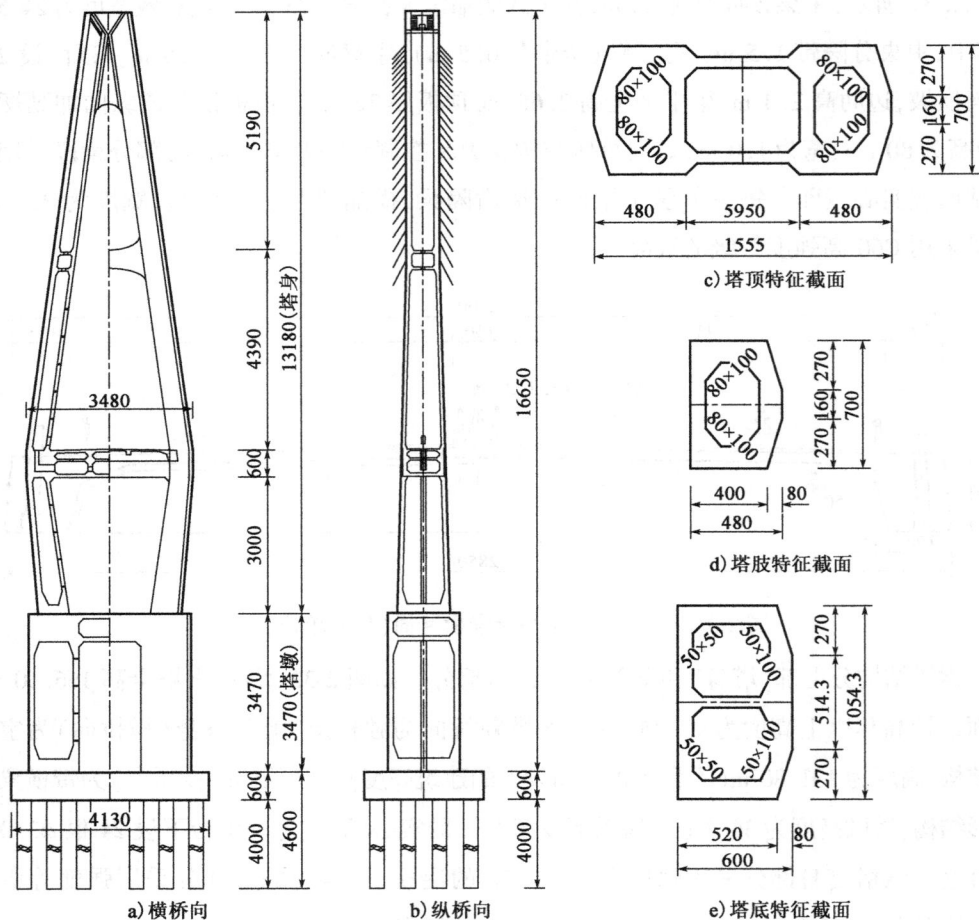

图 2-32 清江大桥主塔构造图(尺寸单位:cm)

预应力钢束立面布置根据索力沿高度分布规律进行调整,索塔锚固区上端受力较大,配置预应力钢束较密,沿高度方向钢束间距为 0.3 ~ 0.49 m。索塔锚固区下端受力较小,配置预应力钢束较稀,沿高度方向钢束间距为 0.6 ~ 1.2 m。通过调整钢束间距保证索塔锚固区沿高度方向受力均匀。

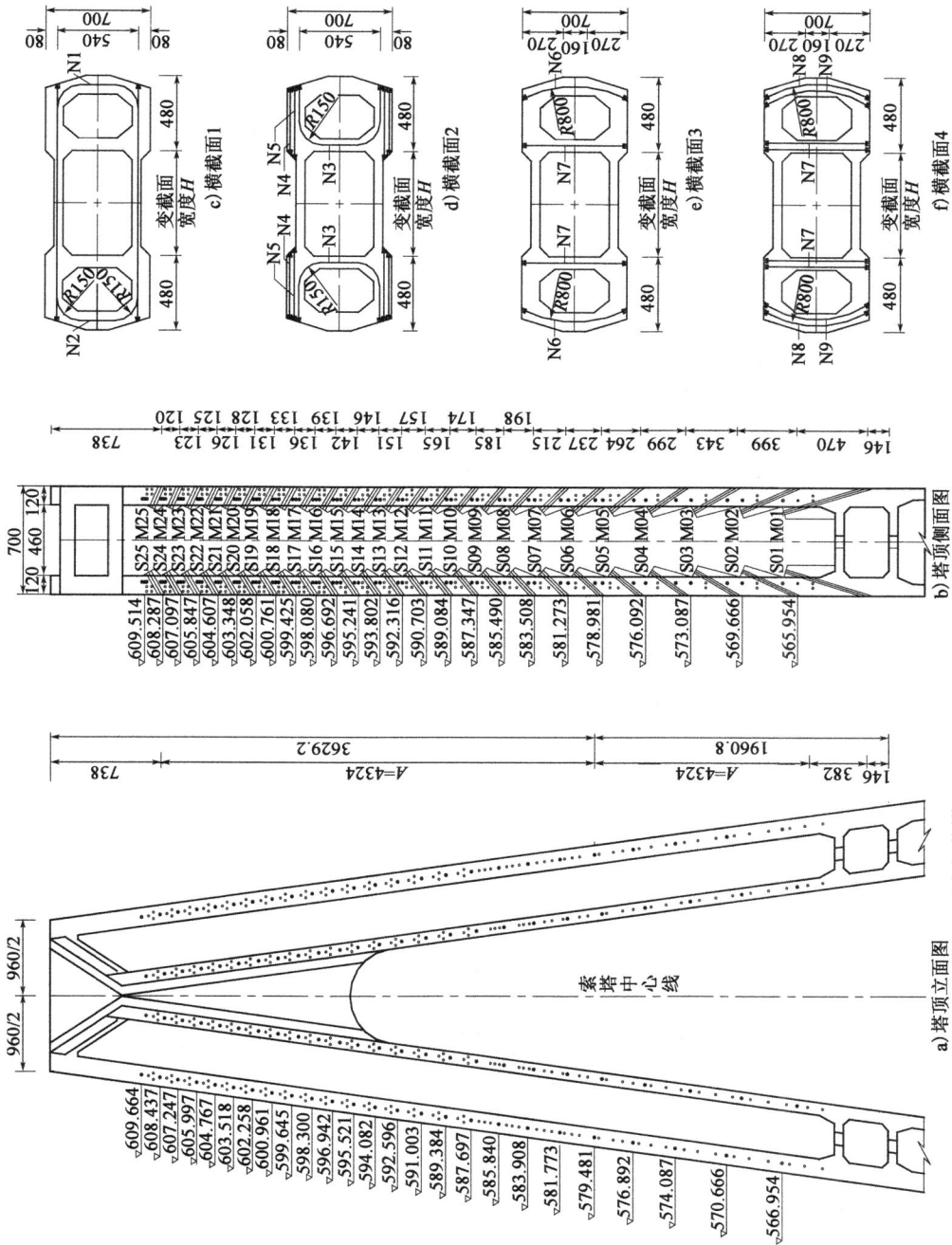

c) 横截面1

d) 横截面2

e) 横截面3

f) 横截面4

b) 塔顶侧面图

a) 塔顶立面图

图2-33　清江大桥索塔锚固区环向预应力混合配束布置（尺寸单位：cm；高程单位：m）

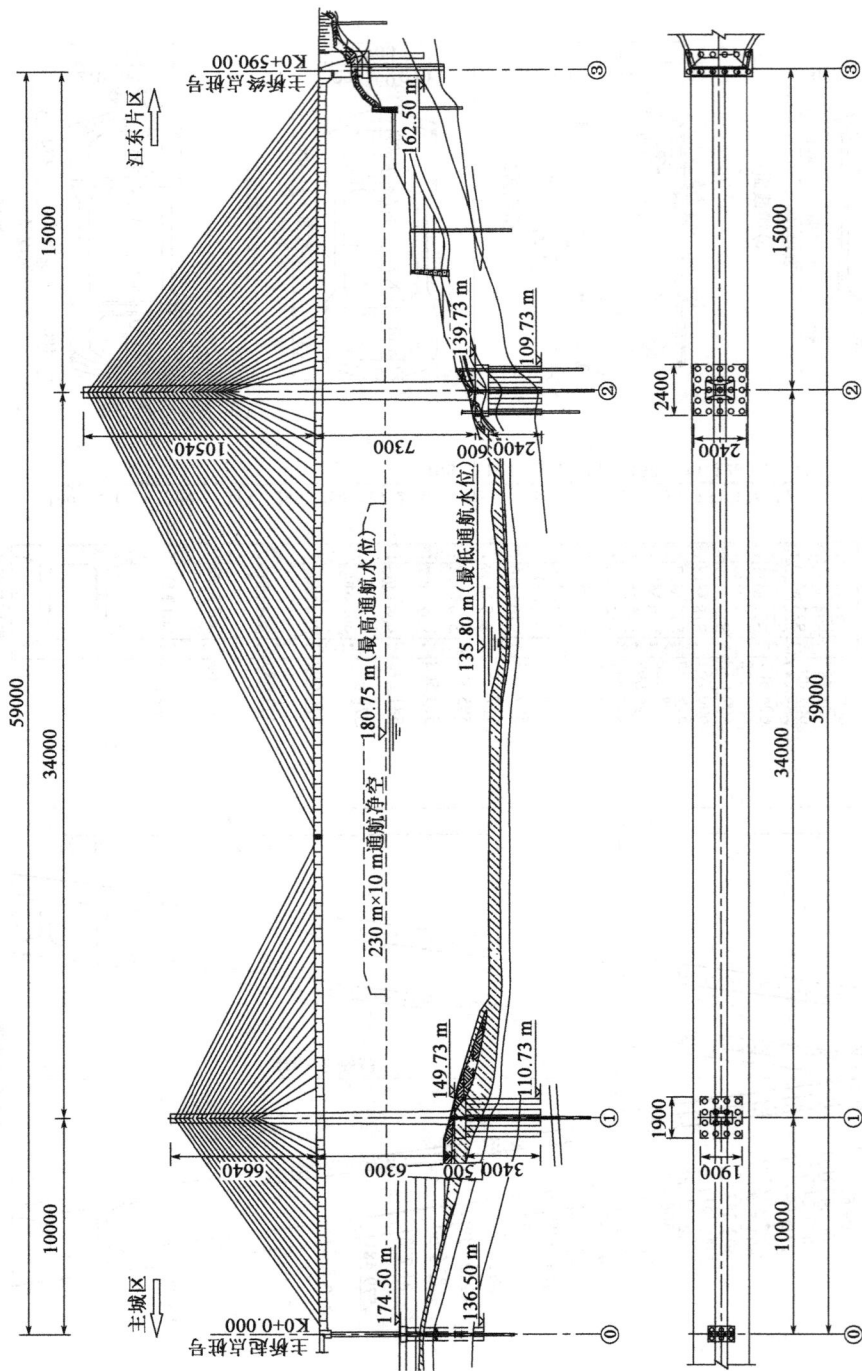

图2-34 涪陵乌江二桥桥型布置图(尺寸单位:cm)

2.3.2 涪陵乌江二桥

涪陵乌江二桥位于乌江口上游 500 m 附近，是重庆市涪陵区境内的过江通道。大桥东岸通过涪丰公路连接江东开发区，西侧与主城区紧密相连。主桥为单索面高低塔斜拉桥，桥梁全长 590 m，主跨跨径 340 m，边跨分别长为 100 m 和 150 m，边中跨比例为 0.294 和0.441。主梁与主塔采用塔梁固结体系，斜拉索采用扇形单索面布置。涪陵乌江二桥桥型布置如图 2-34 所示。

主梁为等高度的预应力混凝土斜腹板箱形截面梁，采用 C60 混凝土。梁顶全宽 25.5 m，梁顶设置2%的横坡，箱梁在中心线处梁高3.5 m，箱梁翼缘长度为 7.0 m。在箱梁锚索位置设置横隔板，同时在翼缘上设置托梁，横隔板处设置拉索锚箱。为了平衡主跨和边跨恒载在施工过程中的不平衡，在主梁的两个边跨范围内将箱梁截面均按照需要加厚。大边跨侧箱梁顶板加厚为 0.75 m，腹板加厚为 1.17 m，底板加厚为 0.99 m，小边跨侧箱梁顶板加厚为 0.75 m，腹板加厚为 0.72 m，底板加厚为 0.82 m。涪陵乌江二桥标准横断面如图 2-35 所示。

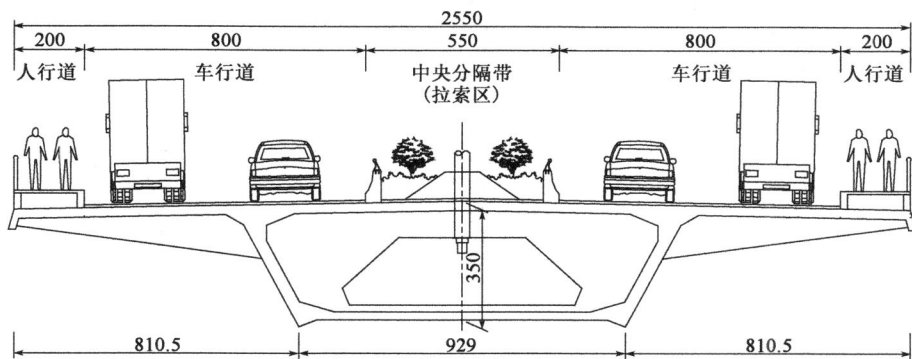

图 2-35　涪陵乌江二桥标准横断面(尺寸单位：cm)

如图 2-36 所示，桥塔采用高、低独柱式桥塔形式，塔高分别为 178.4 m 和 130.0 m。下塔柱为箱形空心墩截面，1 号塔为单箱双室截面，2 号塔为单箱四室截面。1 号塔截面尺寸由根部的 6 m×10 m 变为主梁底面处的 5 m×9.5 m，然后从桥面处的 5 m×5 m 变为塔冠处 4 m×4 m。2 号塔则由 10.2 m×14.2 m 逐步变为主梁底面处的 7.5 m×9.5 m，然后从桥面处的 5 m×7.5 m 变为塔冠处的 4 m×5 m。1 号塔在桥面以下的高度为 63 m，2 号塔桥面以下高度为 73 m。

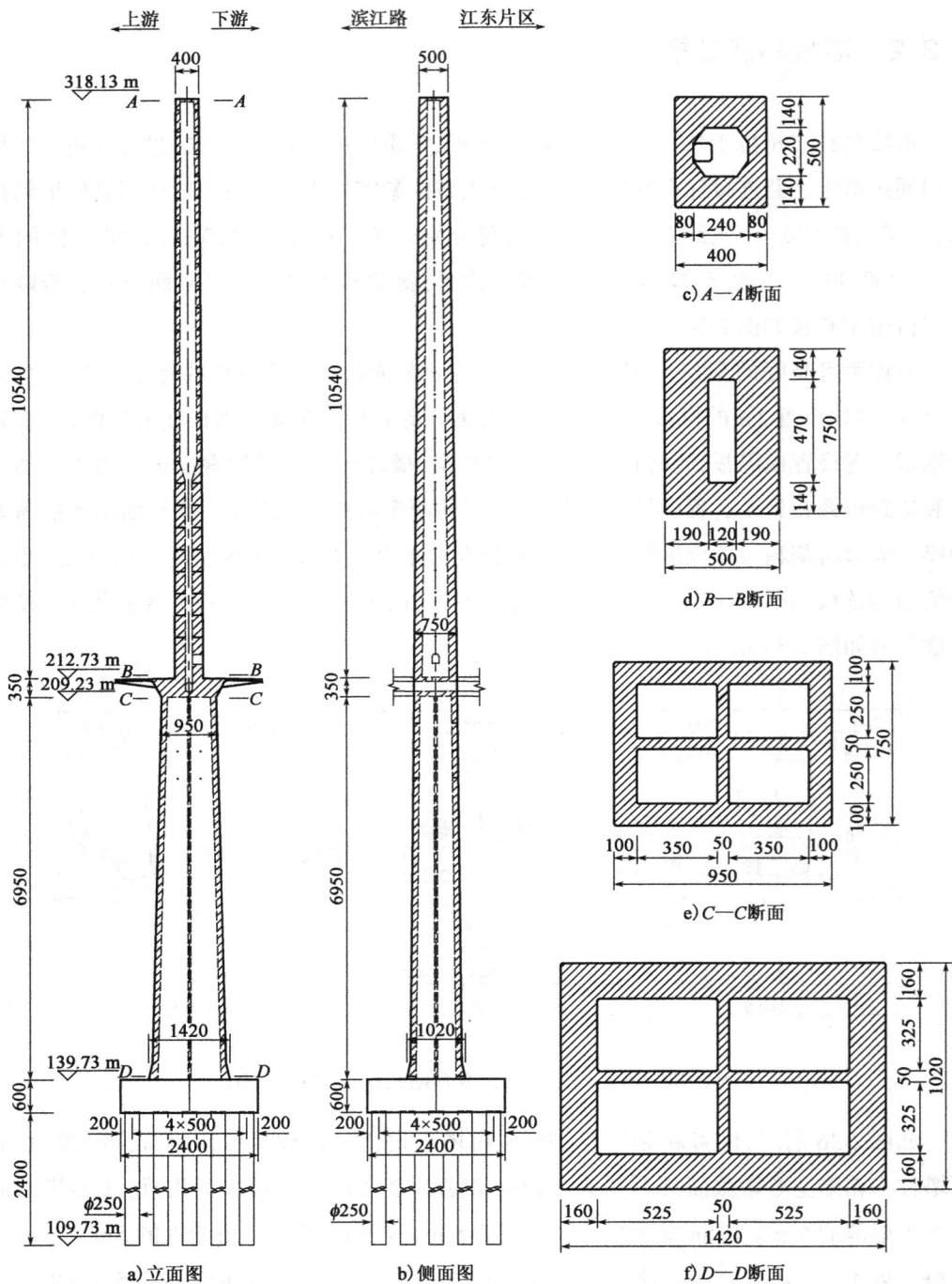

图 2-36　涪陵乌江二桥主塔构造图(尺寸单位:cm)

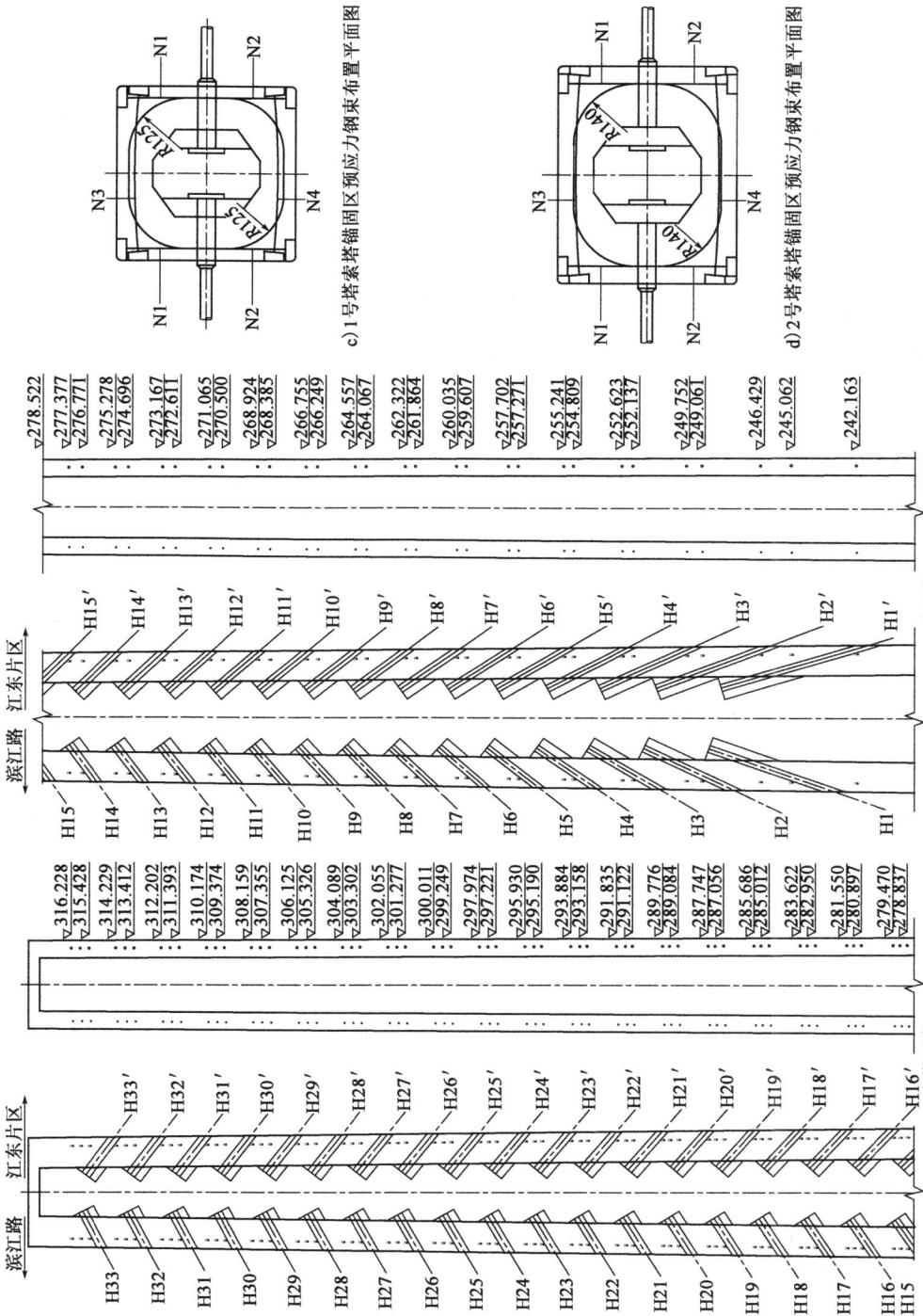

c) 1号索塔锚固区预应力钢束布置平面图

d) 2号塔索塔锚固区预应力钢束布置平面图

图2-37 涪陵乌江二桥索塔锚固区环向预应力混合配束布置（尺寸单位：cm；高程单位：m）

a) 索塔顶段

b) 索塔

两塔在桥面以上均为单箱单室变截面,1 号塔截面外壁厚在顺桥向为 1.0 m,横桥向为 0.8 m。2 号塔顺桥向壁厚为 1.4 m,横桥向在第一根拉索以下部位为 1.9 m 厚,其余部位厚 0.8 m。两塔空心截面的隔板厚度均为 0.5 m,在塔顶均设置成实心段。桥塔下塔柱采用 C50 混凝土,上塔柱采用 C60 混凝土。主桥基础均采用钻(挖)孔灌注桩加承台基础形式,桩基及承台采用 C30 混凝土。

斜拉索采用扇形单索面布置,索面在中跨主梁上顺桥向标准间距是 6.0 m,边跨索距分别加密为 4.4 m 和 4.2 m,斜拉索延伸到索塔中心线上的索距为 2.0 m。斜拉索采用 φ7 mm 高强镀锌平行钢丝束,钢丝标准抗拉强度为 1670 MPa,斜拉索采用双层 PE 护套。恒载最大斜拉索索力为 8286 kN,最不利组合下最大索力 9787 kN,斜拉索最大型号 PES7-421。

如图 2-37 所示,在斜拉索锚固区设置环向预应力平衡斜拉索拉力,采用小半径 U 形预应力 + 直束混合配束的形式。索塔锚固区平面布置上一共采用 3 种形式钢束。N1、N2 为横向开口 U 形束,高、低塔塔柱由于截面不同,U 形束弯曲半径分别为 $R = 1.4$ m 和 $R = 1.25$ m,N3、N4 为塔柱外侧顺桥向直束,对称布置于锚固区索导管高度范围内。N1、N2 横向开口 U 形束采用 15φ^{s}15.20 钢绞线,采用两端对称张拉,N3、N4 顺桥向直束采用 15.2-15 钢绞线,采用交错单端张拉。

预应力钢束立面布置根据索力沿高度分布规律进行调整,H33 ~ H15 斜拉索锚固范围内竖向每对斜拉索之间布置 3 对 N1、N2 横向开口 U 形束,每对斜拉索索导管锚固范围内布置 2 对 N3、N4 顺桥向直束,沿高度方向钢束间距为 0.33 m。H15 ~ H1 斜拉索锚固范围内竖向每对斜拉索之间布置 2 对 N1、N2 横向开口 U 形束,每对斜拉索索导管锚固范围内布置 1 对 N3、N4 顺桥向直束。通过调整钢束间距保证索塔锚固区沿高度方向受力均匀。

2.4　本章小结

本章介绍了斜拉桥索塔主要构造、锚固区总体设计以及环向预应力筋布置与优化,并给出了索塔锚固区环向预应力筋设计实例,从设计的角度,可以看出:

(1)环预向应力锚固的传力路径是通过预应力筋先将水平预压应力施加给塔壁,而索力通过锚固齿块传递给塔壁,实现了水平分力由预应力筋承担,索力竖向分力直接由混凝土塔壁向塔底传递,构造简单。

（2）由于存在预压应力,预应力锚固形式混凝土塔壁分担很少,主要是作为安全储备,预应力索塔锚固形式承载效率高,优势明显。

（3）预应力锚固形式中预应力设计是关键,预应力施工及有效预应力值大小至关重要。

（4）预应力锚固形式由于构造简单,其制造和安装成本相对低,同时只要保证预应力管道灌浆密实,有效预应力达到规范要求,后期维护成本较低,具有明显的优势。

第 3 章
CHAPTER 3

小半径弯曲孔道接触应力

3.1 接触理论

接触问题在工程应用中广泛存在,而接触力学作为一门学科自1882年,由赫兹(H. Hertz)发表了经典《论弹性固体的接触》而开始。但经典的接触力学力求使用经典的数学工具来解决问题,理论方面的进展缓慢,代表专著不多。1953年,加林(Gallin)编写的《弹性理论中的接触问题》以俄文出版,归纳了苏联专家穆斯赫利什维利(Muskhelishvili)在弹性接触力学方面的先驱性工作。1980年出版的格拉德韦尔(Gladwell)论著《经典弹性理论中的接触问题》,其研究限于理想弹性固体。1984年,约翰逊(K. L. Johnson)的著作《接触力学》问世,系统介绍和解答了常见的工程接触问题,逐渐成为我国从事该领域研究的科研人员和有关工程技术人员的启蒙之作。

本章讲述的弯曲孔道接触分析的基础正是经典的接触力学,运用了其中的弹性半空间线荷载理论和弹性固体法向接触理论。

3.1.1 参考坐标系

由于经典的接触力学采用数学方法求解,所以必须对接触面做几何学上的描述,建立数学模型,将接触力学问题公式化,通过本构、几何及平衡关系建立积分方程。在此之前,需要建立一个参考坐标。

图3-1表示了一般接触问题坐标系建立的方法,可作为本章进行接触模型分析的准备。该坐标系采用初始接触点作为直角坐标的原点,x-y平面为两表面的公切平面,z轴沿公法线指向下方物体。为了方便,如有可能,尽量选Ox轴及Oy轴的方向与表面轮廓的对称轴一致。

例如,当两圆柱形物体轴线平行地接触时,就产生线接触,这是一种特殊情况:在横截面中,它们的外形是非协调的;但在包含圆柱轴线的平面中,沿接触面它们是协调的。为便于分析,宜选择x轴位于横截面内,选y轴平行于圆柱的轴。在此坐标系中,两表面变形前的形状由以下函数确定

$$z_1 = f_1(x, y) \tag{3-1a}$$

$$z_2 = f_2(x, y) \tag{3-1b}$$

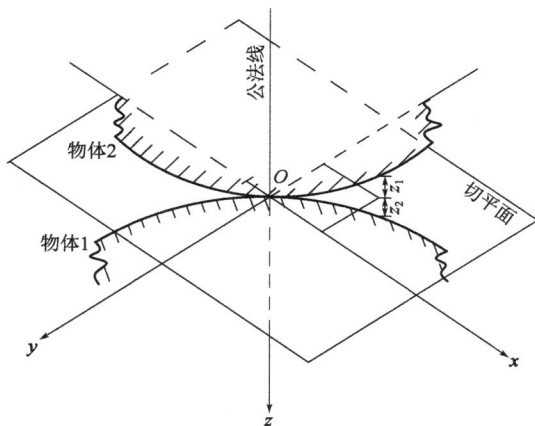

图 3-1　在 O 点接触的非协调问题的几何坐标系

因此,加载之前它们之间的间隔 h 可由在切平面上的投影坐标确定。

$$h = z_1 + z_2 = f(x,y) \tag{3-2}$$

3.1.2　弹性半空间线荷载理论

经典的接触力学要求接触物体必须在尺寸比未变形表面的曲率半径小的面积上接触。接触应力在接触区附近高度集中,其强度随离接触点的距离而迅速减小。因而实际关心的区域是接触交界面及其附近。于是,只要物体本身的尺寸与接触面尺寸相比很大,则在此区域中的应力就不大依赖于远离接触区的形状,也不依赖于支承物体的确切方式。通过将每一个物体看作以平表面为界的半无限弹性固体,即弹性半空间,能便于近似地计算应力。在此理想化模型中,具有任意表面轮廓的物体在尺寸上被看作是半无限的,并具有一个平表面。

图 3-2 表示了在接触面上受任意分布的法向压力 $p(x)$ 及切向力 $q(x)$ 作用的弹性半空间。在表面上距原点为 s 的 B 点处,作用在宽度 $\mathrm{d}s$ 上的力可看作数值为 $p\mathrm{d}s$ 及 $q\mathrm{d}s$ 的集中力,所以可利用集中力作用在弹性半空间时的解推导如下结果。

(1) 固体中任意点 A 处因 $p(x)$ 及 $q(x)$ 引起的应力分量:

$$\sigma_x = -\frac{2z}{\pi}\int_{-b}^{a}\frac{p(s)(x-s)^2}{[(x-s)^2+z^2]^2}\mathrm{d}s - \frac{2}{\pi}\int_{-b}^{a}\frac{q(s)(x-s)^3}{[(x-s)^2+z^2]^2}\mathrm{d}s \tag{3-3a}$$

$$\sigma_z = -\frac{2z^3}{\pi}\int_{-b}^{a}\frac{p(s)}{[(x-s)^2+z^2]^2}\mathrm{d}s - \frac{2z^2}{\pi}\int_{-b}^{a}\frac{q(s)(x-s)}{[(x-s)^2+z^2]^2}\mathrm{d}s \tag{3-3b}$$

$$\tau_{xz} = -\frac{2z^2}{\pi}\int_{-b}^{a}\frac{p(s)(x-s)}{[(x-s)^2+z^2]^2}\mathrm{d}s - \frac{2z}{\pi}\int_{-b}^{a}\frac{q(s)(x-s)^2}{[(x-s)^2+z^2]^2}\mathrm{d}s \tag{3-3c}$$

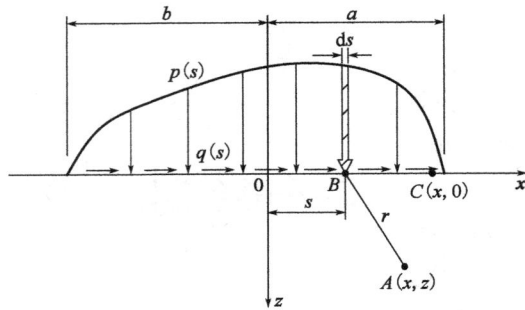

图 3-2 受分布法向力及切向力作用的弹性半空间

（2）固体表面上任意点 C 处的位移：

$$u_x = -\frac{(1-2\nu)(1+\nu)}{2E}\left[\int_{-b}^{x}p(s)\,\mathrm{d}s - \int_{x}^{a}p(x)\,\mathrm{d}s\right] -$$

$$\frac{\pi(1-\nu^2)}{2E}\int_{-b}^{a}q(s)\ln|x-s|\,\mathrm{d}s + C_1 \tag{3-4a}$$

$$u_z = -\frac{2(1-\nu^2)}{\pi E}\int_{-b}^{a}p(s)\ln|x-s|\,\mathrm{d}s + \frac{(1-2\nu)(1+\nu)}{2E}$$

$$\left[\int_{-b}^{x}q(s)\,\mathrm{d}s - \int_{x}^{a}q(x)\,\mathrm{d}s\right] + C_2 \tag{3-4b}$$

（3）任意点 C 处的位移梯度：

$$\frac{\partial u_x}{\partial x} = -\frac{(1-2\nu)(1+\nu)}{E}p(x) - \frac{2(1-\nu^2)}{\pi E}\int_{-b}^{a}\frac{q(s)}{x-s}\,\mathrm{d}s \tag{3-5a}$$

$$\frac{\partial u_z}{\partial x} = -\frac{2(1-\nu^2)}{\pi E}\int_{-b}^{a}\frac{p(s)}{x-s}\,\mathrm{d}s - \frac{(1-2\nu)(1+\nu)}{E}q(x) \tag{3-5b}$$

式中，梯度 $\partial u_x/\partial x$ 为表面上的切向应变分量 ε_x；梯度 $\partial u_z/\partial x$ 为变形表面的实际斜率。当 $q(x)=0$ 时：

$$\varepsilon_x = \frac{\partial u_x}{\partial x} = -\frac{(1-2\nu)(1+\nu)}{E}p(x) \tag{3-6}$$

而由平面应变的 Hooke 定律已知：

$$\varepsilon_x = -\frac{1}{E}\left[(1-\nu^2)\sigma_x - \nu(1+\nu)\sigma_z\right] \tag{3-7}$$

式中，$\sigma_z = -p(x)$，联立以上两式求得 $\sigma_x = \sigma_z = -p(x)$。这一重要结论揭示了接触压力与表面处接触应力的关系，表明表面处微元的切向及法向正应力值均与该处的压应力值相等。

3.1.3 弹性固体法向接触——赫兹理论

三维的空间接触问题并不都是难以解决,如果适用赫兹接触理论,一般能得到解析解。经典的赫兹接触问题主要应用位移的势函数求解,把接触问题归结为数学上的混合边值问题,积分方程则是接触计算的主导方程。因此,赫兹接触理论对接触条件有较为严格的要求,除了非协调、小应变、两个弹性半空间、表面无摩擦等条件外,还要求接触物体具有规则的二次曲面,或者说其外形函数以及它的一阶和二阶导数都要是连续的。所以,一般来说,解析方法只能求解一些几何形状比较规则的物体,应用范围非常有限。

典型的赫兹接触实例是旋转体间的接触或圆柱体间的接触。例如,两个接触物体是半径分别为 R_1、R_2 的圆柱,一般情况下接触区域在 x-y 平面上投影是椭圆面。有两种特殊情况:当两圆柱以轴线垂直的方式接触时,接触区域在 x-y 平面上投影是圆形,类似于旋转体之间的接触面;当两圆柱以轴线平行的方式接触时,就变成了二维问题,接触区域是平行于 y 轴的窄条。

图 3-3 表示了两个圆柱体二维接触时横截面的变形情况。在挤压力 P 的作用下,两物体内最远处的点分别向接触中心点平行于 z 轴移动位移 δ_1 和 δ_2。如果接触物体没有变形,则各自轮廓如图中虚线所示会发生重叠。实际上,变形后接触面如实线所示,接触宽度为 $2a$。

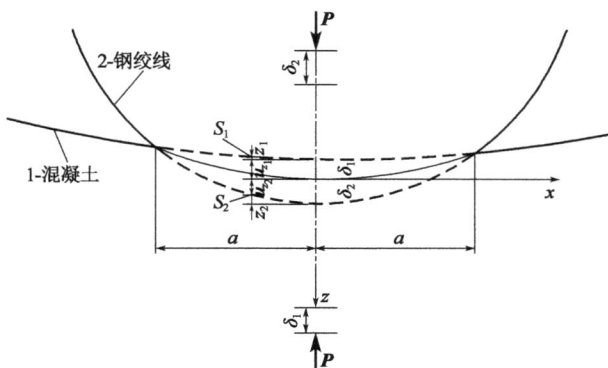

图 3-3　两圆柱二维接触的 x-z 平面几何图示

加载前,两圆柱表面对应点 S_1、S_2 间隙的表达式(3-2)可表示为:

$$h = z_1 + z_2 = Ax^2 = \frac{1}{2}(1/R_1 + 1/R_2)x^2 = \frac{1}{2}(1/R)x^2 \tag{3-8}$$

式中,相对曲率 $1/R = 1/R_1 + 1/R_2$,或写作:

$$R = (1/R_1 + 1/R_2)^{-1} \tag{3-9}$$

加载后,接触区域内的两柱面对应点 S_1、S_2 将重合,有:

$$u_{z_1} + u_{z_2} + h = \delta_1 + \delta_2 \tag{3-10}$$

则:

$$u_{z_1} + u_{z_2} = \delta - Ax^2 = \delta - \frac{1}{2}(1/R)x^2 \tag{3-11}$$

通过微分得到表面梯度的关系如下:

$$\frac{\partial u_{z_1}}{\partial x} + \frac{\partial u_{z_2}}{\partial x} = -(1/R)x \tag{3-12}$$

又因为作用在 $-a \leqslant x \leqslant a$ 长条上的压力 $p(x)$ 引起的梯度关系:

$$\frac{\partial u_{z_1}}{\partial x} + \frac{\partial u_{z_2}}{\partial x} = -\frac{2}{\pi E^*}\int_{-a}^{a}\frac{p(s)}{x-s}\mathrm{d}s \tag{3-13}$$

得:

$$\int_{-a}^{a}\frac{p(s)}{x-s}\mathrm{d}s = -\frac{\pi E^*}{2R}x \tag{3-14}$$

式中,$E^* = \left(\dfrac{1-\nu_1^2}{E_1} + \dfrac{1-\nu_2^2}{E_2}\right)^{-1}$。记单位长度的荷载为 P,解以上积分方程得压力分布:

$$p(x) = \frac{2P}{\pi a^2}(a^2 - x^2)^{\frac{1}{2}} \tag{3-15}$$

式中,$a = \left(\dfrac{4PR}{\pi E^*}\right)^{\frac{1}{2}}$,为半接触宽度。当 $x = \pm a$ 时,$p(x) = 0$,即压力在接触区边缘降为零;当 $x = 0$ 时,有最大压力:

$$p_0 = \frac{2P}{\pi a} = \frac{4}{\pi}\bar{p} = \left(\frac{PE^*}{\pi R}\right)^{\frac{1}{2}} \tag{3-16}$$

式中,$\bar{p} = \dfrac{P}{2a}$,表示接触区域的平均压力。

3.2 小半径弯曲孔道接触问题的特点

预应力钢束与弯曲孔道内壁混凝土间的作用是一类特别的接触问题,具有如下特点。

(1)接触区域呈空间弧形窄条。

预应力钢束与弯曲孔道内壁混凝土的接触类似于以轴线平行方式接触的两圆柱接

触问题,但两圆柱也沿纵向有弯曲,如图 3-4 所示。所以,接触区域是空间的弧形窄条。这种独特的接触区域没有固定的切平面,给几何学描述造成了极大困难。工程实际中,此类问题大多选择简化到孔道中心线所在的 y-z 平面进行二维接触分析,如图 3-5 所示。

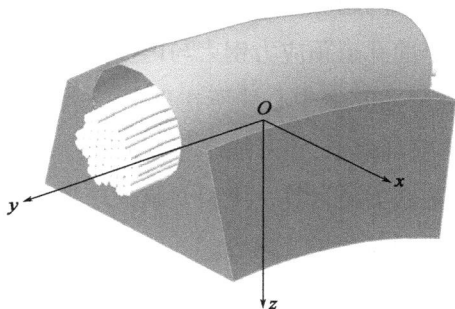

图 3-4　弯曲孔道中预应力钢束、预埋管、混凝土的接触关系

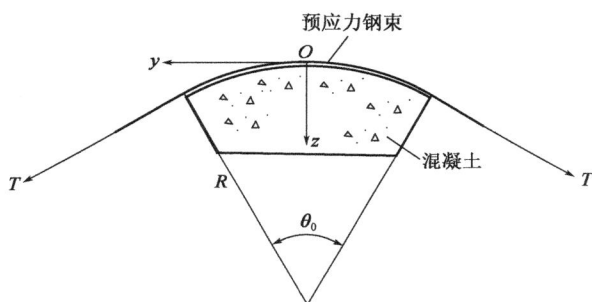

图 3-5　弯曲孔道中心线所在的 y-z 平面

（2）钢束外形呈索状,材料的接触刚度难确定。

作为接触物体之一,钢束作为束状形态不同于实体,在理论计算时不能简化为经典接触力学研究的弹性半空间物体。另外,钢束虽是高弹性模量的钢材,但呈现明显的柔性特征,在有限元接触分析时较难确定其接触刚度。

（3）协调接触。

具有不相似外形的物体称为非协调的。当无变形地接触时,它们将首先在一个点或沿一条线相碰,分别称为"点接触"和"线接触"。与接触物体本身的尺寸相比,非协调物体之间的接触面积是很小的,应力高度集中在靠近接触面的区域内。在弹性接触应力理论中,这是建立理想化模型的必要条件。

如果两个物体的表面在未变形前能精确地或相当接近的贴合在一起,那么这种接触是协调的。弯曲孔道的预应力钢束只能选用钢绞线或高强钢丝,抵抗弯曲变形的能力过小,在法向压力下沿孔道方向易与孔壁紧贴。当孔道弯曲角度较大时,接触面积会很大,接触应力相对分散,并不明显表现出非协调接触的分布特点,不宜直接套用赫兹接触理论分析的结果。

(4)荷载间接。

经典的接触力学分析接触问题时,先直接给定两物体的荷载及约束条件,再求解接触物体的应力及变形。而弯曲孔道预应力钢束与内壁混凝土间的作用方式是间接的:钢束两端被施加张拉力 T,在弯曲孔道中心线所在平面,曲率半径为 R 的圆弧段钢束的法向分力 $p(x)$ 作用于孔道内壁混凝土,并可能产生切向的摩擦力 $q(x)$。这种间接的加载方式使钢束与混凝土间的荷载需经计算。大量文献处理类似问题时都认为 $p(x) = T/R$,这正是本章质疑并将要探讨的一项重要内容。

(5)接触压力与摩擦力耦合。

一般的接触问题中,法向力与切向力的关系有两种:一是两者相互独立;二是切向力是摩擦力 $q(x)$,与法向压力 $p(x)$ 有正比函数关系。但弯曲孔道内预应力钢束所受的摩擦力、正压力与预应力钢束的张力三者相互影响,关系复杂。由于摩阻力存在,预应力钢束的张力会沿程削减,如果某微段因此正压力减小、摩阻力减小,将会影响到下一微段的张力。

(6)预应力钢束与混凝土并未直接接触。

预应力孔道的形成是需要在混凝土浇筑前预埋钢管、金属波纹管或塑料波纹管来实现的。所以,在这种情况下,钢束与混凝土并未直接接触。尤其是采用波纹管制作的孔道,为波状表面,钢束与孔道类似间断点接触。

预应力弯曲孔道接触问题的复杂性表明,要利用经典接触力学分析此类接触问题,需要进行必要的简化,以便建立合理的理论模型。本文将此类问题分解为两个二维接触问题:在孔道横截面 x-z 平面内分析接触应力;在 y-z 平面内分析孔道沿程的法向接触压力及摩阻力。

3.2.1 孔道横截面的接触

3.2.1.1 赫兹接触应力分析

由于荷载间接的特点,孔道弯曲段上的接触压力可能是有变化的。为了研究横截面的法向接触,假设法向接触压力是常量 $p = T/R$,并视孔道沿纵向是直线。这样,孔道横截面的接触可以简化为圆柱体与圆柱凹面接触,将预应力张拉力在弯道的法向等效荷载作为压力施加在接触物之间。

以下结合实例,采用赫兹接触理论探讨接触应力。

某桥纵向预应力弯曲孔道曲线半径 60 m,设计采用 $7\phi^s15.20$ 钢绞线束,张拉控制应力按钢绞线标准强度值的 70% 控制,即单根张拉力 $T = 168$ kPa。另知孔道截面半径 $R_1 = -35$ mm(负号表示凹曲率),混凝土弹性模量 $E_1 = 34.5$ GPa,泊松比 $\nu_1 = 0.2$;单根钢绞线半径 $R_2 = 7.62$ mm,7 根组成的钢绞线束半径 $R_2 \approx 21$ mm,弹性模量 $E_2 = 195$ GPa,泊松比 $\nu_2 = 0.3$。

(1)视钢绞线束为整体的赫兹接触计算。

如图 3-6a)所示,如果视钢绞线束为整体,采用圆柱体二维接触模型进行接触应力分析,以 p_0^7 表示 7 根整束钢绞线的最大接触应力。孔道法向荷载集度为 $p = T/R = 19.6$ N/mm。于是有:

$$R = \left(\frac{1}{R_1} + \frac{1}{R_2}\right)^{-1} = 52.5(\text{mm})$$

$$E^* = \left(\frac{1-\nu_1^2}{E_1} + \frac{1-\nu_2^2}{E_2}\right)^{-1} = 30.776(\text{GPa})$$

$$a = \left(\frac{4PR}{\pi E^*}\right)^{\frac{1}{2}} = 0.21(\text{mm})$$

$$p_0^7 = \left(\frac{PE^*}{\pi R}\right)^{\frac{1}{2}} = \sqrt{\frac{19.6 \text{ N/mm} \times 3.0776 \times 10^4 \text{ N/mm}^2}{3.1416 \times 52.5 \text{ mm}}} = 60.48(\text{MPa})$$

可见,视钢绞线来为整体计算得最大接触应力值为 60.48 MPa。

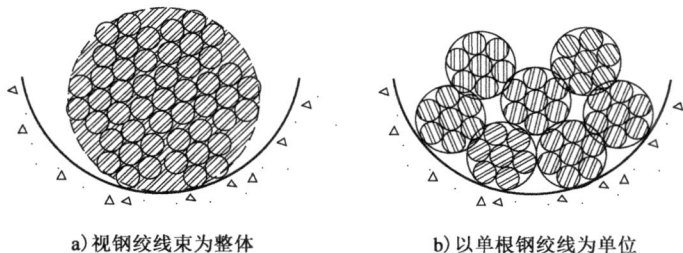

a)视钢绞线束为整体   b)以单根钢绞线为单位

图 3-6 在横截面内钢绞线束与孔壁的接触状态

(2)基于单根钢绞线赫兹接触的计算。

实际上,钢束中的每根钢绞线之间没有黏结,所以在张拉时不可能保持理想的圆柱形态并作为整体与孔壁接触。实际的情况是部分钢绞线与孔壁直接接触,其他钢绞线覆压其上,间接传递对孔壁的法向荷载,如图 3-6b)所示。如果视钢绞线束为整体,如图 3-6a)所示,直接接触的钢绞线有两根;而实际的排列方式为图 3-6b)所示,直接接触的钢绞线为

4 根。对于其他情况,只要钢绞线总根数及孔道直径确定,钢绞线的排列方式理论上是唯一的。当然,施工因素的影响(如孔道变形、钢绞线不规则缠绕等)会导致有出现其他排列的可能,在此不做讨论。

①单根钢绞线的接触计算。

单根钢绞线是由 7 股直径 5 mm 的高强钢丝互捻制成,受挤压时能基本保证截面形状,可以简化视为直径 15.24 mm 的钢圆柱,这样的简化相对合理。之后采用圆柱体二维接触模型进行接触应力分析。

单根钢绞线张拉时弯曲孔道法向荷载集度为 $P = 2.8$ N/mm。以 p_0^1 表示单根钢绞线最大接触应力。

$$R = (1/R_1 + 1/R_2)^{-1} = 9.74 (\text{mm})$$

$$E^* = \left(\frac{1-\nu_1^2}{E_1} + \frac{1-\nu_2^2}{E_2}\right)^{-1} = 30.776 (\text{GPa})$$

$$a = \left(\frac{4PR}{\pi E^*}\right)^{\frac{1}{2}} = 0.034 (\text{mm})$$

$$p_0^1 = \left(\frac{PE^*}{\pi R}\right)^{\frac{1}{2}} = 53.07 (\text{MPa})$$

②整束钢绞线的接触计算。

钢绞线束由多根钢绞线组成,部分钢绞线并未直接与孔壁接触,而是通过挤压其下方的钢绞线向混凝土传递法向荷载,从而使直接接触的数根钢绞线接触荷载成倍增加。

荷载分配法是在确定钢绞线横截面排列关系的前提下,逐根计算并分配这些间接荷载,得到直接接触的钢绞线荷载值后,再采用以上单根钢绞线接触情况下的计算方法,从中选取最大的应力计算值。因直接接触的钢绞线有多根,位置各有不同,荷载法向分量亦有不同,计算量较大。

为了避免荷载分配法的繁琐工作,可采用层叠系数法,即引入一个系数 β,用其与单根钢绞线应力计算值的乘积作为直接接触区域的应力估算值。

$$\beta = \frac{\text{该束中钢绞线的总根数 } N}{\text{直接接触的钢绞线根数 } n} \tag{3-17}$$

例如,$\phi 70$ mm 孔道内,$7\phi^s 15.24$ 钢绞线束实际有 4 根钢绞线直接接触孔壁,$\beta = 1.75$;$\phi 100$ mm 孔道内,$17\phi^s 15.24$ 钢绞线束实际有 7 根钢绞线直接接触孔壁,故 $\beta = 2.43$。

实例分析表明,采用层叠系数法计算的接触应力相比荷载分配法偏小;当孔道充盈率(钢绞线束截面积与孔道截面积之比)符合规范要求,小于 50% 时,建议乘以 $\gamma = 1.3$ 倍安全系数;如果现场采用了更小直径的波纹管,安全系数 γ 有必要进一步增大到 1.5。

以上述方法进行本实例的计算。

$$p_0^7 = \gamma\beta p_0^1 = 120.72(\text{MPa})$$

（3）计算结果分析。

计算结果显示，以单根钢绞线为基础计算的最大接触应力值更大，以上两种方法虽均未达到钢筋的抗压屈服强度，但均远大于 C50 混凝土抗压强度设计值 22.4 MPa。以上结果表明，本例的接触压力过大，已经超出弹性接触的范围。

如果接触物均为钢材，当在加载过程中出现接触应力超限时，该区域的钢材实际已屈服进入塑性阶段，通过比弹性区钢材产生更大的变形，将荷载更多分配到附近区域实现应力的重分布，而自身始终保持在屈服强度左右的应力水平。文献对销轴连接结构的接触应力分析中证实，材料本构关系的选取对销轴结构的接触应力的大小及分布有很大的影响。采用线弹性材料本构关系进行有限元分析，计算得到销轴与耳板之间的最大接触压应力为 594.2 MPa，与采用赫兹公式计算得到接触的解析解 591.8 MPa 几乎一致，表明该结构绝对不安全；而采用理想弹塑性材料本构关系计算得到的最大接触压应力只有 274.0 MPa，施工实践也表明该销轴连接结构完全能正常使用。有学者认为，线弹性分析往往会大大高估销轴连接结构的接触峰值应力，提出有必要根据实际材料的本构关系进行弹塑性仿真分析，以免造成不必要的材料浪费。

同理，本例中的计算应力实际上是不可能达到的。作为接触物体中强度相对低的混凝土，随着张拉力的增大，一旦应力超限，接触区域表面即会出现塑性变形。只是不同于钢材有较好的延性，混凝土实现应力重分布的方式是出现表面层的损坏，由此提供更大的接触宽度。另外，目前的预应力孔道均采用波纹管制孔，如图3-7所示，与钢绞线直接接触的波峰更易于破碎，更容易获得足够大的接触区域，这对压力区混凝土实体的受力是有利的。至于波纹的破碎程度、形成的缓冲垫层的宽度及厚度，取决于法向接触压力的大小。如果法向接触压力小，只要有较小程度的破碎即能平衡压力；如果法向接触压力太大，即使波纹全部压平、接触区域面积已达上限，也不能使接触应力低于混凝土的极限抗压强度，在这种情况下，如不采取局部的加固措施，表面以下的实体混凝土将会继续破坏。

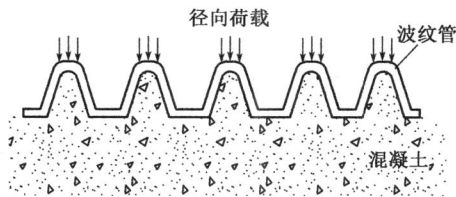

图3-7　波纹管受荷示意图

上述分析表明，直接采用赫兹接触理论分析较保守。下面将提出一种能满足工程实践要求的简明计算方法。

3.2.1.2 基于垫层假设的赫兹接触应力分析

对于波纹管成孔的孔道,在波峰未完全破坏的情况下,接触区域还有继续增大的可能。所以,可以将波峰完全破碎并形成垫层的最终状态直接作为应力计算的前提。能形成的垫层厚度与波纹管结构有关,范围一般在 $2 \sim 5$ mm。以下选取 2 mm 厚度的垫层进行应力分析。单根钢绞线直径为 15.24 mm,在充分嵌入垫层后,接触半宽值 a 将达到 5.15 mm。由式(3-16)计算单根钢绞线最大接触应力:

$$p_0^1 = \frac{2P}{\pi a} = 0.356(\mathrm{MPa})$$

同样采用层叠系数法,取 $\gamma = 1.3$ 倍安全系数:

$$p_0^7 = \gamma \beta p_0^1 = 0.81(\mathrm{MPa})$$

结果远低于混凝土抗压强度设计值。值得指出的是,该计算值代表了本例条件下最低的一种应力状态,实际的接触应力会比该值高,原因是在本例的法向压力作用下,垫层厚度还达不到 2 mm。

垫层假设与赫兹接触理论相结合的应力计算方法,贴合钢束与混凝土接触问题的特点,解释了接触表层混凝土的力学行为。

3.2.2 孔道中心线所在平面的接触

孔道中心线所在平面(y-z 平面)的接触分析有两个内容,一是接触压力分析,需要忽略波纹影响,假定预应力钢束与混凝土是直接且光滑接触,目的是避免出现不连续接触或接触压力局部突变;二是摩阻力、预应力损失及伸长量分析。

预应力钢束外形呈索状,接触前并没有固有的实体形态。图 3-8a)反映了因为混凝土受压变形引起孔壁的位置变化。孔壁在半接触宽度 a 内与钢绞线直接接触,有明显变形,$\delta_i = f(y_{s_i})$;脱离接触后在区域 b 内孔壁仍有变形,但表面应力为零。变形区域 a、b 内的孔壁曲率半径不再是原设计值,将会沿程变化,静力平衡分析中需考虑该因素影响,如图 3-8b)所示。

由于孔道中心线所在平面(y-z 平面)的接触不满足赫兹接触理论的条件,本文将在弹性半空间理论基础上进行探讨,由于前文中弹性半空间公式推导采用了 x-z 坐标系,为前后呼应,下文将继续沿用该坐标系进行分析。

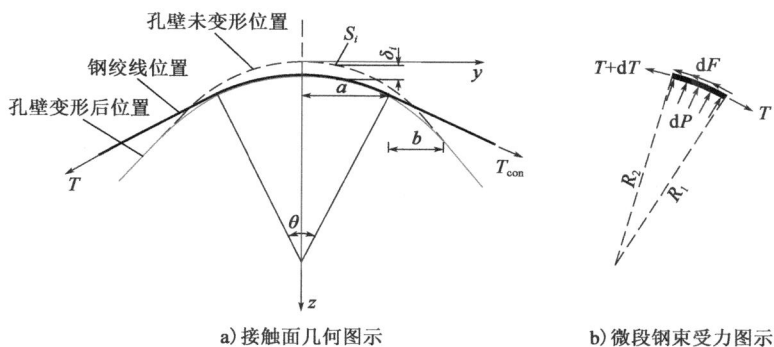

a) 接触面几何图示　　　　　　　b) 微段钢束受力图示

图 3-8　y-z 平面二维接触

3.2.2.1　无摩擦均布力假设下的弹性半空间分析

假设预应力钢束与孔壁混凝土间的法向接触压力均匀分布,图 3-9 表示了均布假设下的弯道钢束受力情况,钢束张拉力为 T,孔道半径为 R,转角为 α,记 p_0 为最大压力值。根据以下的静力平衡分析,可计算出无摩擦时的均布力值大小。

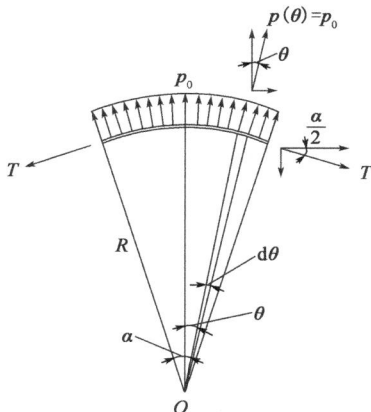

图 3-9　正压力均布下的弯道钢束受力图

$$2T\sin\frac{\alpha}{2} = 2\int_0^{\frac{\alpha}{2}} p_0\cos\theta R\mathrm{d}\theta \tag{3-18}$$

得:

$$T\sin\frac{\alpha}{2} = p_0 R(\sin\theta)\Big|_0^{\frac{\alpha}{2}} \tag{3-19}$$

所以:

$$p_0 = \frac{T}{R} \tag{3-20}$$

正压力表达式为：

$$p(\theta) = \frac{T}{R} \qquad (3-21)$$

当接触区域远小于混凝土实体、孔道曲率较小时，可以将接触区的曲线展开为直线，以模拟图3-2弹性半空间的线接触。接触区半宽值 $a = b = R\alpha/2$，在无摩擦均布力作用下，$p(x) = T/R$，$q(x) = 0$。

（1）应力分析。

由式(3-3)，得新的应力公式如下：

$$\sigma_x = -\frac{T}{2\pi R}\left[2(\theta_1 - \theta_2) - (\sin 2\theta_1 - \sin 2\theta_2)\right] \qquad (3-22a)$$

$$\sigma_z = -\frac{T}{2\pi R}\left[2(\theta_1 - \theta_2) - (\sin 2\theta_1 - \sin 2\theta_2)\right] \qquad (3-22b)$$

$$\tau_{xz} = -\frac{T}{2\pi R}(\cos 2\theta_1 - \cos 2\theta_2) \qquad (3-22c)$$

式中，

$$\tan\theta_{1,2} = z \Big/ \left(x \mp R\frac{\alpha}{2}\right) \qquad (3-23)$$

（2）接触表面位移分析。

下面确定表面的位移，对于位于受载区（$-a \leqslant x \leqslant a$；$a = R\alpha/2$）内的点，由式(3-5)可推得 x 向位移梯度：

$$\frac{\partial u_x}{\partial x} = -\frac{(1-2\nu)(1+\nu)}{E}\frac{T}{R}$$

假定原点不横向移动，则有：

$$u_x = -\frac{(1-2\nu)(1+\nu)}{E}\frac{T}{R}x \qquad (3-24a)$$

z 向位移梯度：

$$\frac{\partial u_z}{\partial x} = -\frac{2(1-\nu^2)}{\pi E}\frac{T}{R}\int_{-a}^{a}\frac{\mathrm{d}s}{x-s}$$

因被积函数 $\int_{-a}^{a}\dfrac{\mathrm{d}s}{x-s}$ 在 $s=x$ 处有奇异性并改变符号，所以积分要在两部分上进行。即：

$$\int_{-a}^{a}\frac{\mathrm{d}s}{x-s} = \int_{-a}^{x-\varepsilon}\frac{\mathrm{d}s}{x-s} - \int_{x+\varepsilon}^{a}\frac{\mathrm{d}s}{s-x}$$

$$= \left[\ln(x-s)\right]_{-a}^{x-\varepsilon} - \left[\ln(s-x)\right]_{x+\varepsilon}^{a}$$

$$= \ln(a + x) - \ln(a - x)$$

所以,

$$\frac{\partial u_z}{\partial x} = -\frac{2(1 - \nu^2)}{\pi E}\frac{T}{R}[\ln(a + x) - \ln(a - x)]$$

得:

$$u_z = -\frac{1 - \nu^2}{\pi E}\frac{T}{R}\left[(a + x)\ln\left(\frac{a + x}{a}\right)^2 + (a - x)\ln\left(\frac{a - x}{a}\right)^2\right] + C \quad (3\text{-}24b)$$

对于位于受载区之外的点($|x| > a = R\alpha/2$),

$$u_x = \begin{cases} \dfrac{(1 - 2\nu)(1 + \nu)}{E}\dfrac{T}{R}a & (x < -a) \\[3mm] -\dfrac{(1 - 2\nu)(1 + \nu)}{E}\dfrac{T}{R} & (a, x > a) \end{cases} \quad (3\text{-}24c)$$

$$u_z = -\frac{1 - \nu^2}{\pi E}\frac{T}{R}\left[(a + x)\ln\left(\frac{a + x}{a}\right)^2 - (x - a)\ln\left(\frac{x - a}{a}\right)^2\right] + C \quad (3\text{-}24d)$$

式(3-24b)实际与式(3-24d)相同,常数 C 相等并取决于对法向位移所选的基准点。

以下做一实例计算,以分析理论计算值的合理程度。

假设某弯曲孔道转角 $\alpha = \pi/3$,半径 $R = 1$,钢束张拉力 $T = 1$,混凝土泊松比 $\nu = 0.2$,弹性模量 $E = 1$。则有 $a = \pi/6$,$T/R = 1$。另设当 $x = \pm\pi/3$ 时 $u_z = 0$,从而有:

$$u_z = -\frac{1 - 0.2^2}{\pi}\left(\frac{\pi}{2}\ln 3^2 - \frac{\pi}{6}\ln 1^2\right) + C = 0$$

可确定积分式常数 $C = 1.0547$,从而有:

$$u_z = -\frac{0.96}{\pi}\left[\left(\frac{\pi}{6} + x\right)\ln\left(\frac{\frac{\pi}{6} + x}{\frac{\pi}{6}}\right)^2 + \left(\frac{\pi}{6} - x\right)\ln\left(\frac{\frac{\pi}{6} - x}{\frac{\pi}{6}}\right)^2\right] + 1.0547$$

根据上式,以 81 个等分点计算 $-\pi/3 \leqslant x \leqslant \pi/3$ 区域内表面的法向位移 u_z,结果见表 3-1,折线图如图 3-10 所示。其中,点 21 处 $x = -\pi/6$,点 61 处 $x = \pi/6$,分别是均布载荷的左右边界,在此表面梯度无穷大。

接触表面法向位移计算表 表 3-1

序号	x 值	u_z	序号	x 值	u_z	序号	x 值	u_z
1	−1.047	−0.00003	4	−0.969	−0.0553	7	−0.890	−0.1166
2	−1.021	−0.0179	5	−0.942	−0.0750	8	−0.864	−0.1387
3	−0.995	−0.0363	6	−0.916	−0.0954	9	−0.838	−0.1616

续上表

序号	x 值	u_z	序号	x 值	u_z	序号	x 值	u_z
10	−0.812	−0.1856	34	−0.183	−1.1161	58	0.445	−0.8597
11	−0.785	−0.2108	35	−0.157	−1.1280	59	0.471	−0.8119
12	−0.759	−0.2372	36	−0.131	−1.1379	60	0.497	−0.7545
13	−0.733	−0.2651	37	−0.105	−1.1460	61	0.524	—
14	−0.707	−0.2946	38	−0.079	−1.1522	62	0.550	−0.5359
15	−0.681	−0.3261	39	−0.052	−1.1566	63	0.576	−0.4824
16	−0.655	−0.3599	40	−0.026	−1.1593	64	0.602	−0.4370
17	−0.628	−0.3966	41	0.000	−1.1602	65	0.628	−0.3966
18	−0.602	−0.4370	42	0.026	−1.1593	66	0.655	−0.3599
19	−0.576	−0.4824	43	0.052	−1.1566	67	0.681	−0.3261
20	−0.550	−0.5359	44	0.079	−1.1522	68	0.707	−0.2946
21	−0.524	—	45	0.105	−1.1460	69	0.733	−0.2651
22	−0.497	−0.7545	46	0.131	−1.1379	70	0.759	−0.2372
23	−0.471	−0.8119	47	0.157	−1.1280	71	0.785	−0.2108
24	−0.445	−0.8597	48	0.183	−1.1161	72	0.812	−0.1856
25	−0.419	−0.9011	49	0.209	−1.1022	73	0.838	−0.1616
26	−0.393	−0.9374	50	0.236	−1.0863	74	0.864	−0.1387
27	−0.367	−0.9698	51	0.262	−1.0681	75	0.890	−0.1166
28	−0.340	−0.9987	52	0.288	−1.0475	76	0.916	−0.0954
29	−0.314	−1.0245	53	0.314	−1.0245	77	0.942	−0.0750
30	−0.288	−1.0475	54	0.340	−0.9987	78	0.969	−0.0553
31	−0.262	−1.0681	55	0.367	−0.9698	79	0.995	−0.0363
32	−0.236	−1.0863	56	0.393	−0.9374	80	1.021	−0.0179
33	−0.209	−1.1022	57	0.419	−0.9011	81	1.047	−0.00003

从图 3-10 可发现,在接触边缘附近,法向位移梯度极大,原因是荷载由接触区外的零值突变到接触区内的 T/R 值。但本书认为,钢束与光滑连续的孔道接触区边缘不应出现无穷大的位移梯度,相反,应是连续的有限值。连续的位移及位移梯度只有在接触边界压力值为零的非均布荷载作用下才能实现,均布力假设与实际并不能吻合。

a) 接触表面变均布力示意

等分点序号

b) 接触表面法向位移

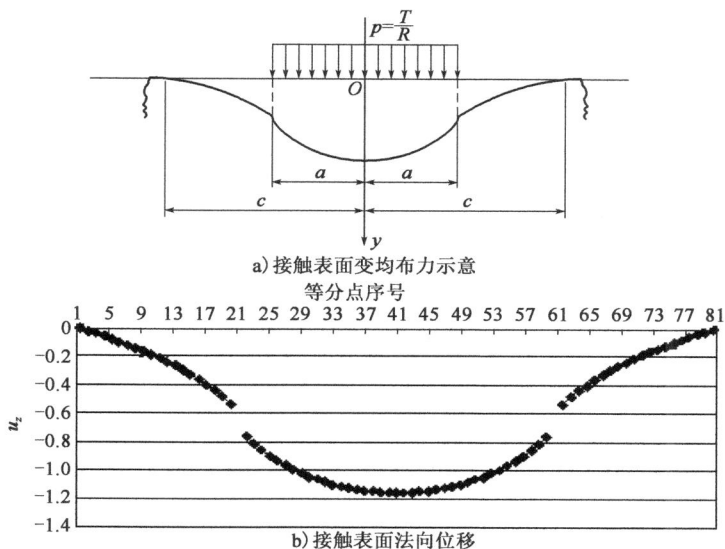

图 3-10　接触表面受力及位移图

3.2.2.2　无摩擦非均布力假设下的分布函数推导

以上分析表明,均布力假设是不够准确的,但现不能确定接触压力具体遵循哪种不均匀分布形式。在此提出了余弦分布、二次抛物线分布、椭圆分布三种不均匀分布假设,推导各自的压力分布函数。

对任意转角 α、曲率半径 R 的圆弧孔道,如图 3-11 所示,取该段预应力钢束为隔离体。假设孔道内壁对预应力钢束的法向接触压力是非均布的,分布压力线集度用函数 $p(\theta)$ 表示如下,p_0 为其最大值。

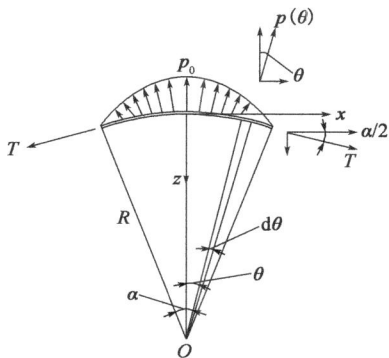

(1)法向压力余弦分布函数。

假设孔道内壁对预应力钢束的法向接触压力按余弦分布,以 x 为变量的余弦压力函数为:

图 3-11　正压力非均匀分布时
弯道钢束受力图

$$p(\theta) = p_0 \cos \frac{\pi}{\alpha}\theta \tag{3-25}$$

式中,

$$\cos \frac{\pi}{\alpha}\theta = \begin{cases} 0 & \left(\theta = \dfrac{\alpha}{2}\right) \\ 1 & (\theta = 0) \\ 0 & \left(\theta = -\dfrac{\alpha}{2}\right) \end{cases}$$

由 z 方向静力平衡关系得：

$$2T\sin\frac{\alpha}{2} = 2\int_0^{\frac{\alpha}{2}} p(\theta)\cos\theta \mathrm{d}l$$

$$2T\sin\frac{\alpha}{2} = 2\int_0^{\frac{\alpha}{2}} p_0\cos\left(\frac{\pi}{\alpha}\theta\right)\cos\theta R\mathrm{d}\theta$$

$$p_0 = \frac{\sin\dfrac{\alpha}{2}}{\displaystyle\int_0^{\frac{\alpha}{2}}\cos\dfrac{\pi}{\alpha}\theta\cos\theta\mathrm{d}\theta} \times \frac{T}{R}$$

式中，

$$\int_0^{\frac{\alpha}{2}}\cos\frac{\pi}{\alpha}\theta\cos\theta\mathrm{d}\theta = \left[\frac{\sin\left(\dfrac{\pi}{\alpha}+1\right)\theta}{2\left(\dfrac{\pi}{\alpha}+1\right)} + \frac{\sin\left(\dfrac{\pi}{\alpha}-1\right)\theta}{2\left(\dfrac{\pi}{\alpha}-1\right)}\right]_0^{\frac{\alpha}{2}}$$

$$= \left(\frac{\sin\left(\dfrac{\pi}{2}+\dfrac{\alpha}{2}\right)}{2\left(\dfrac{\pi}{\alpha}+1\right)} + \frac{\sin\left(\dfrac{\pi}{2}-\dfrac{\alpha}{2}\right)}{2\left(\dfrac{\pi}{\alpha}-1\right)}\right) - 0$$

$$= \frac{\cos\dfrac{\alpha}{2}}{2\left(\dfrac{\pi}{\alpha}+1\right)} + \frac{\cos\dfrac{\alpha}{2}}{2\left(\dfrac{\pi}{\alpha}-1\right)}$$

$$= \frac{\dfrac{\pi}{\alpha}\cos\dfrac{\alpha}{2} - \cos\dfrac{\alpha}{2} + \dfrac{\pi}{\alpha}\cos\dfrac{\alpha}{2} + \cos\dfrac{\alpha}{2}}{2\left(\dfrac{\pi}{\alpha}+1\right)\left(\dfrac{\pi}{\alpha}-1\right)}$$

$$= \frac{\dfrac{\pi}{\alpha}\cos\dfrac{\alpha}{2}}{\left(\dfrac{\pi}{\alpha}\right)^2-1}$$

最终可得：

$$p_0 = \frac{\sin\dfrac{\alpha}{2}}{\dfrac{\dfrac{\pi}{\alpha}\cos\dfrac{\alpha}{2}}{\left(\dfrac{\pi}{\alpha}\right)^2-1}} \times \frac{T}{R} = \frac{\alpha}{\pi}\left[\left(\frac{\pi}{\alpha}\right)^2-1\right]\tan\frac{\alpha}{2} \times \frac{T}{R} \tag{3-26}$$

现引入最值倍数 K，令 $K = \dfrac{\alpha}{\pi}\left[\left(\dfrac{\pi}{\alpha}\right)^2-1\right]\tan\dfrac{\alpha}{2}$，表征最大压力 p_0 与均匀压力 T/R

之间的倍数关系。随着孔道弯曲角度的增大，K 值从上限 $\pi/2$ 向下限 $4/\pi$ 减小，见表 3-2。K 值的变化规律如图 3-12 所示。

不同角度时的最值倍数值

表 3-2

孔道弯曲角度 α	0.05π	0.1π	0.2π	0.3π	0.4π	0.5π	0.6π	0.7π	0.8π	0.9π	0.95π
最值倍数 K	1.570	1.568	1.559	1.545	1.525	1.500	1.468	1.429	1.385	1.333	1.304

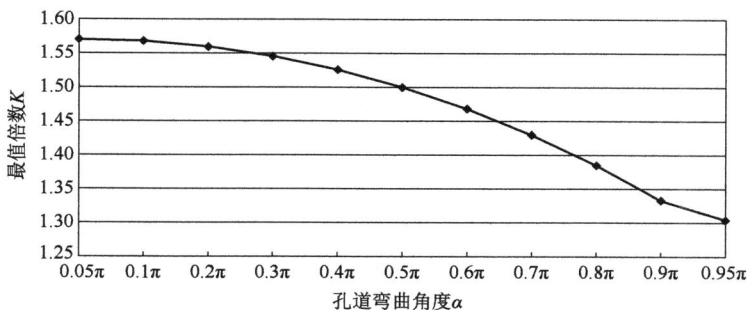

图 3-12　不同弯曲角度下的最值倍数值

因此，最终的正压力表达式为：

$$p(\theta) = p_0 \cos \frac{\pi}{\alpha}\theta \qquad \left(0 \leqslant \theta \leqslant \frac{\pi}{2}\right) \tag{3-27}$$

式中，

$$p_0 = \begin{cases} 0 & (\alpha = 0) \\ K\dfrac{T}{R} & (0 < \alpha < \pi) \\ \dfrac{4}{\pi}\dfrac{T}{R} & (\alpha = \pi) \end{cases}$$

(2)法向压力二次抛物线分布函数。

假设孔道内壁对预应力钢束的法向接触压力按二次抛物线分布，以 x 为变量的抛物线压力函数为 $p(x) = ax^2 + C$。

当 $x = 0$ 时，

$$p(x) = C = p_0$$

当 $x = \pm R\sin\dfrac{\alpha}{2}$ 时，

$$p(x) = aR^2 \sin^2\frac{\alpha}{2} p_0 = 0$$

得：

$$a = -\frac{p_0}{R^2 \sin^2 \frac{\alpha}{2}}$$

抛物线方程为：

$$p(x) = -\frac{p_0}{R^2 \sin^2 \frac{\alpha}{2}} x^2 + p_0 \tag{3-28}$$

因有 $x = R\sin\theta$，表示为以 θ 为自变量的抛物线方程：

$$p(\theta) = -\frac{p_0}{R^2 \sin^2 \frac{\alpha}{2}} (R\sin\theta)^2 + p_0 = p_0 \left(1 - \frac{\sin^2\theta}{\sin^2 \frac{\alpha}{2}}\right) \tag{3-29}$$

由 z 方向静力平衡关系：

$$2T\sin \frac{\alpha}{2} = 2\int_0^{\frac{\alpha}{2}} p_0 \left(1 - \frac{\sin^2\theta}{\sin^2 \frac{\alpha}{2}}\right)\cos\theta R\mathrm{d}\theta$$

$$p_0 = \frac{\sin \frac{\alpha}{2}}{\int_0^{\frac{\alpha}{2}} \left(\cos\theta - \frac{\sin^2\theta}{\sin^2 \frac{\alpha}{2}}\cos\theta\right)\mathrm{d}\theta} \frac{T}{R}$$

式中，

$$\int_0^{\frac{\alpha}{2}} \left(\cos\theta - \frac{\sin^2\theta}{\sin^2 \frac{\alpha}{2}}\cos\theta\right)\mathrm{d}\theta$$

$$= \int_0^{\frac{\alpha}{2}} \cos\theta \mathrm{d}\theta - \frac{1}{2\sin^2 \frac{\alpha}{2}} \int_0^{\frac{\alpha}{2}} (\cos\theta - \cos2\theta\cos\theta)\mathrm{d}\theta$$

$$= \sin \frac{\alpha}{2} - \frac{1}{2\sin^2 \frac{\alpha}{2}} \left(\sin \frac{\alpha}{2} - \int_0^{\frac{\alpha}{2}} \cos2\theta\cos\theta \mathrm{d}\theta\right)$$

$$= \sin \frac{\alpha}{2} - \frac{1}{2\sin^2 \frac{\alpha}{2}} \left[\sin \frac{\alpha}{2} - \left(\frac{\sin3\theta}{6} + \frac{\sin\theta}{2}\right)\Big|_0^{\frac{\alpha}{2}}\right]$$

$$= \sin \frac{\alpha}{2} - \frac{1}{2\sin^2 \frac{\alpha}{2}} \left(\sin \frac{\alpha}{2} - \frac{\sin \frac{3\alpha}{2}}{6} + \frac{\sin \frac{\alpha}{2}}{2}\right)$$

$$= \sin \frac{\alpha}{2} - \frac{3\sin \frac{\alpha}{2} - \sin \frac{3\alpha}{2}}{12 \sin^2 \frac{\alpha}{2}}$$

$$= \sin\frac{\alpha}{2} - \frac{1}{4\sin\frac{\alpha}{2}} + \frac{\sin\frac{3\alpha}{2}}{12\sin^2\frac{\alpha}{2}}$$

因此，

$$p_0 = \frac{\sin\frac{\alpha}{2}}{\sin\frac{\alpha}{2} - \frac{1}{4\sin\frac{\alpha}{2}} + \frac{\sin\frac{3\alpha}{2}}{12\sin^2\frac{\alpha}{2}}}\frac{T}{R} = \frac{3}{2}\frac{T}{R}$$

最终的正压力表达式为：

$$p(\theta) = \frac{3T}{2R}\left(1 - \frac{\sin^2\theta}{\sin^2\frac{\alpha}{2}}\right) \qquad \left(0 \leqslant \theta \leqslant \frac{\pi}{2}\right) \tag{3-30}$$

（3）法向压力椭圆分布函数。

假设孔道内壁对预应力钢束的法向接触压力按椭圆分布，由于 $x = R\sin\theta$，$p(x) = b\sqrt{1 - \left(\frac{x}{a}\right)^2}$ 可表示为以 θ 为自变量的椭圆方程：

$$p(\theta) = b\sqrt{1 - \left(\frac{R\sin\theta}{a}\right)^2} \tag{3-31}$$

当 $\theta = 0$ 时，

$$p(\theta) = b = p_0$$

当 $\theta = \pm\frac{\alpha}{2}$ 时，

$$p(\theta) = b\sqrt{1 - \left(\frac{R\sin\theta}{a}\right)^2} = 0$$

得：

$$a = R\sin\frac{\alpha}{2}$$

故椭圆方程为：

$$p(\theta) = p_0\sqrt{1 - \left(\frac{\sin\theta}{\sin\frac{a}{2}}\right)^2}$$

由 z 方向静力平衡关系：

$$2T\sin\frac{\alpha}{2} = 2\int_0^{\frac{\alpha}{2}} p_0\sqrt{\left(1 - \frac{\sin^2\theta}{\sin^2\frac{\alpha}{2}}\right)}\cos\theta R\mathrm{d}\theta$$

$$p_0 = \frac{\sin\frac{\alpha}{2}}{\displaystyle\int_0^{\frac{\alpha}{2}} \sqrt{\left(1 - \frac{\sin^2\theta}{\sin^2\frac{\alpha}{2}}\right)\cos\theta\mathrm{d}\theta}} \frac{T}{R}$$

式中，$\displaystyle\int_0^{\frac{\alpha}{2}} \sqrt{\left(1 - \frac{\sin^2\theta}{\sin^2\frac{\alpha}{2}}\right)\cos\theta\mathrm{d}\theta} = \int_0^{\frac{\alpha}{2}} \sqrt{\left(1 - \frac{\sin^2\theta}{\sin^2\frac{\alpha}{2}}\right)\mathrm{d}\sin\theta}$

$$= \sin\frac{\alpha}{2}\int_0^{\frac{\alpha}{2}} \sqrt{\left(1 - \frac{\sin^2\theta}{\sin^2\frac{\alpha}{2}}\right)}\mathrm{d}\,\frac{\sin\theta}{\sin\frac{\alpha}{2}}$$

令 $t = \dfrac{\sin\theta}{\sin\dfrac{\alpha}{2}}, \mathrm{d}t = \dfrac{\cos\theta}{\sin\dfrac{\alpha}{2}}\mathrm{d}\theta,$

$$\sin\frac{\alpha}{2}\int_0^{\frac{\alpha}{2}} \sqrt{\left(1 - \frac{\sin^2\theta}{\sin^2\frac{\alpha}{2}}\right)}\mathrm{d}\,\frac{\sin\theta}{\sin\frac{\alpha}{2}}$$

$$= \sin\frac{\alpha}{2}\int_0^1 \sqrt{(1 - t^2)}\,\mathrm{d}t = \frac{\pi}{4}\sin\frac{\alpha}{2}$$

故有：

$$p_0 = \frac{\sin\frac{\alpha}{2}}{\frac{\pi}{4}\sin\frac{\alpha}{2}}\frac{T}{R} = \frac{4T}{\pi R} \tag{3-32}$$

$$p(\theta) = \frac{4T}{\pi R}\sqrt{1 - \left(\frac{\sin\theta}{\sin\frac{a}{2}}\right)^2} \qquad \left(0 \leqslant \theta \leqslant \frac{\alpha}{2}\right) \tag{3-33}$$

3.3　基于 CT 技术的弯曲孔道接触应力分析

3.3.1　对 CT 试验的 ANSYS 有限元分析

3.3.1.1　运用 CT 技术的模型试验

上一节从理论上探讨认为接触压力是非均布的，但要确定是何种分布形式有待深入研究。

21世纪以来,计算机层析扫描技术因具有可以动态、定量和无损伤地量测混凝土材料内部结构特征等优点,逐渐被引入混凝土的细观研究领域,在混凝土微结构裂缝、损伤机制、界面分析等方面逐步开始应用。计算机层析扫描技术的基本工作原理为:利用X射线在被测工件无损状态下,从多个方向以扫描方式透射被检测物体某断层,用专门的探测器把经过被检物射线衰减后的信息采集下来,通过CT仪自带的计算机图像重建算法,把被扫描物体以二维或三维灰度图像形式展现出来,就可以清晰地看清被检物各断层轮廓线及内部结构层次,并可以多种文本形式将图像输出以供进一步分析。先进的CT扫描仪扫描迅速,试验周期短,成本相对较低,并具有较高的测试精度,有的可达到微米级范围。

根据对CT技术性能的分析,初步形成如下试验思路:扫描得到与预应力钢绞线接触的受压混凝土区域在张拉前后两个工况的接触界面,通过图像处理技术得到控制点的位移变化值,将位移变化值作为载荷施加到对应的有限元模型上,便可得到该模型上所有节点或单元的应力应变。因为接触面的应力在数值上近似于接触面的压力集度,获取接触面节点的应力值后,即可得到接触压力分布状况。

但是,如果直接选取现场混凝土实体进行试验,会面临以下问题:

(1)工程实际中预应力钢束与混凝土并非直接接触,其间布置波纹管,波纹的外形使接触界面非常复杂,无法获得准确可靠的变形规律。

(2)工程预应力构件尺寸大,无法通过CT设备。

(3)预应力钢束是金属件,X射线难以穿透。

似乎制作适度简化的小尺寸的试验模型是有效的解决途径。例如,浇筑具有光滑接触面的混凝土实体,利用碳纤维替代预应力钢束施加接触荷载。但现有CT设备要求检测物体直径不得大于70 cm,因此常规的张拉设备无法通过。但如果采用人工方法施加荷载,会产生了新的问题:试验荷载的大小将非常有限,混凝土弹性模量值较大,一般在3.5×10^{10} Pa左右。如果试验荷载太小,引起的形变量就过于微小,CT仪量测精度难以保证。可见,选取一种适合的低弹性模量材料来模拟混凝土接触受压状态,是采用CT技术试验设计的关键。

在工程实例中直接测试孔道受压区应力存在极大困难,所以需要建立较易测试的试验模型。如果两种物理现象中存在以形式相同的数学方程描述的物理量,它们之间便存在比拟关系,就可用一种较易测试的物理现象模拟另一种难以测试的物理现象,从而使试验工作大为简化。试验分析中的比拟法就是根据两种物理现象之间的比拟关系,通过一种物理现象的观测试验,研究另一种物理现象的方法。受此启发,本章确定了一种运用 CT 技术的模型试验方法。其思路是首先选用低弹模材料制作试验模型,设计加载装置以实现接触模拟,再利用 CT 扫描、界面分析得到接触区位移,然后将该位移施加到 ANSYS 模型上,得到接触区的应力,最后根据应力数据分析压力分布规律。图 3-13 直观地阐释了该试验流程。

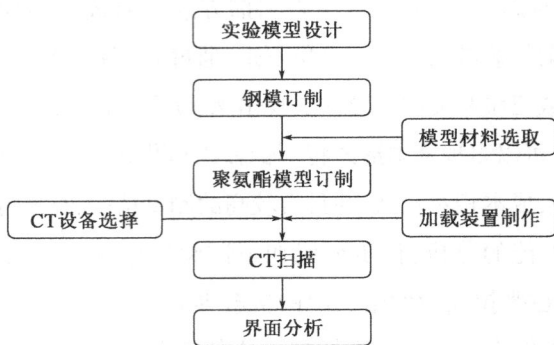

图 3-13　运用 CT 技术的模型试验流程图

(1)试验材料选取。

由于桥梁结构预应力设计都避免接触混凝土出现塑性破坏,所以被测混凝土的应变一般在弹性极限内。我们可以考虑选取一种更低弹性模量的材料来制作接触分析的试验模型,只要在试验工况下的模型变形在弹性极限内,其应力应变规律是可以比拟混凝土的。在分析了各类材料物理特性的基础上,经比较,最终确定以聚氨酯橡胶为混凝土的比拟材料。

聚氨酯是聚氨基甲酸酯(polyurethane,PU)的简称,是一种高分子聚合物(简称高聚物)。1937 年,奥托·拜耳最早制备了聚氨酯。作为一种新兴的有机高分子材料,聚氨酯橡胶被誉为“第五大塑料”,因其卓越的性能而被广泛应用于国民经济众多领域。它的物理性能和力学性能优异,在很大的硬度范围内伸长率均能达到 600% ~ 800%;耐磨性能好,为天然橡胶的 2 ~ 10 倍;耐油性和耐臭氧性也比普通橡胶好。聚氨酯橡胶广泛应用于制造胶辊、胶轮、弹性传动件、皮带、设备衬里、减震材料、汽车零部件、密封制品以及胶鞋带,如图 3-14 所示。

图 3-14　聚氨酯橡胶制品

之所以选择聚氨酯作为试验模型材料,主要是因为:

①在本试验所需的硬度的条件下,仍体现出良好的物理性能和力学性能,而普通塑料或泡沫材料在此低硬度时,或因黏聚性不足易变形,或因强度低受荷时易破裂。

②钢模浇铸法制作精度高,可达到本试验对外形的要求。

③色淡半透明,易于观察。

(2)试验模型制作。

如图 3-15 及图 3-16 所示,本试验订制了两件聚氨酯模型,厚度均为 60 mm,其中 D200 模型圆弧直径 200 mm,弧段角度 180°,切向外接直线段长度 50 mm;D300 模型圆弧直径 300 mm,弧段角度 90°,切向外接直线段 62.13 mm。由于每个试验工况都有加载、卸载两次扫描,为判断两次扫描断面的对应关系,在模型厚度方向正中布置了若干标志点。

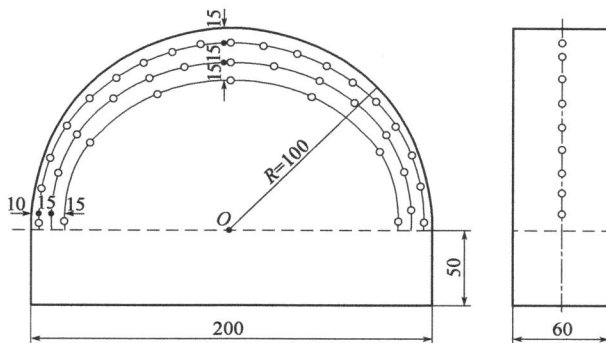

图 3-15　D200 模型加工图(尺寸单位:mm)

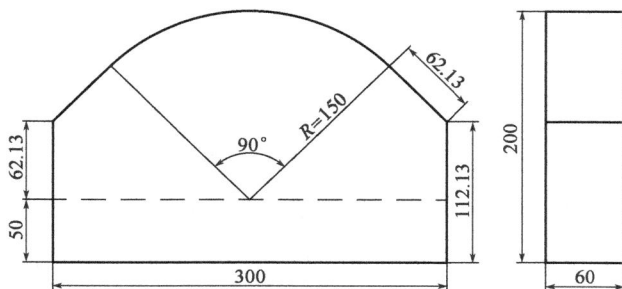

图 3-16　D300 模型加工图(尺寸单位:mm)

按加工方式聚氨酯橡胶分混炼型、热塑型和浇铸型三类。目前,大约有 2/3 的聚氨酯橡胶制品采用浇铸法成型。本试验模型采用液态的预聚物与扩链剂迅速混合后浇铸,属浇铸型橡胶。为达到 ±0.5 mm 误差的制作精度要求,特委托专业厂家制作特制的钢模具(图 3-17)。

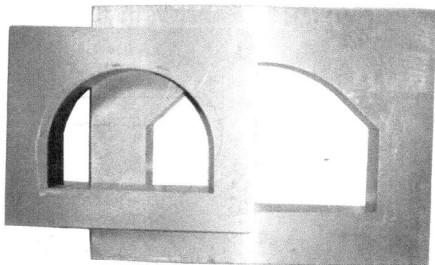

图 3-17　为聚氨酯模型订制的钢制模具

（3）试验用 CT 设备的选择。

本试验采用的是长江科学院水利部岩土力学与工程重点试验室装备的螺旋 CT 仪，如图 3-18 所示。其扫描速度达到 0.33 s/圈，每秒钟可扫描 194 层图像，采用的飞焦点扫描能取得 0.24 mm×0.24 mm×0.24 mm 各向同性的空间分辨率，具有很高的图像质量。其配备的计算机断层扫描（CT）系统是近年来先进的40 层CT 系统，为进一步提高扫描速度及图像处理速度，其中图像重建系统（Image Reconstruction System，IRS）和图像扫描控制系统（Image Control System，ICS）得到了升级。IRS 达到 4 x Dual Xeon 3.6 GHz，ICS 达到 Dual Xeon 3.6 GHz，图像重建速度达到 20 幅/s。其扫描速度远远超出本试验的要求，高分辨率才是选用该仪器最重要的原因。

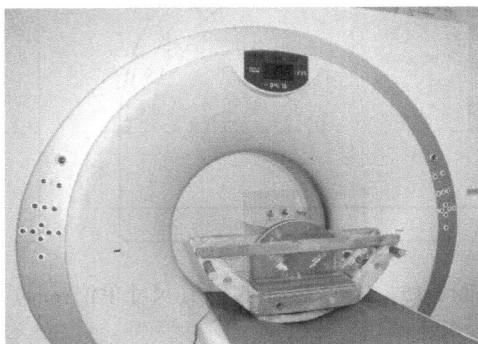

图 3-18　工作中的螺旋 CT 仪

（4）接触荷载的施加。

加载支架全部由木材制作，以便 X 射线穿透。由于 CT 仪最大通过直径 700 mm，支架尺寸控制在 660 mm×280 mm 左右。将聚氨酯橡胶模型厚度正中断面作为加载面，张紧绕过模型圆弧面的直径 5 mm 单股绳索，即可实现对接触区的挤压。

图 3-19 为加载方法示意图，图 3-20 为加载时的照片。支架有 3 对预留孔，模型下的垫板高度可调节，所以，每个模型可实现至少 6 个角度的加载。在同一角度，可通过控制扭矩的大小，调整接触压力的相对大小。

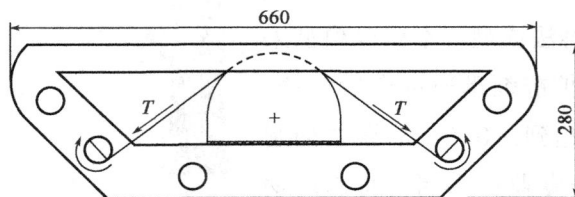

图 3-19　加载方法示意图（尺寸单位：mm）

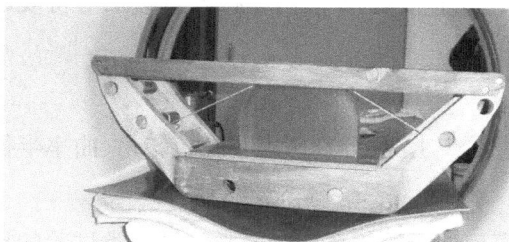

图 3-20 支架加载照片

另外,利用聚氨酯模型进行试验时要注意:

①控制试验荷载大小。

作为一种高聚物,聚氨酯橡胶同样具有高弹性的特点。高弹性是高聚物在其玻璃化温度以上时呈现的力学性能。橡胶在室温时就呈现高弹性,而塑料只有在温度高于玻璃化温度时才出现类似橡胶的高弹性。一种高聚物是塑料还是橡胶,常常可以由温度来决定。

高聚物与固体的相似之处在于有稳定的尺寸,在小形变时,其弹性响应符合胡克定律;与液体的相似之处在于热膨胀系数和等温压缩系数与液体有相同的数量级,表明高分子间相互作用与液体有相同的数量级;与气体的相似之处在于在高弹态时,导致形变的应力随温度增加而增加,与气体的压强随温度的升高而增加有相似性。高弹性的产生是由于高聚物极大的分子量使得高分子链有许多不同的构象,而构象的改变导致高分子链有其特有的柔顺性,链柔性在性能上的表现就是高聚物的高弹性。与一般材料的普弹性不同,它形变时构象熵减小,恢复时增加;内能是普弹形变的主要起因,却在高弹性形变中不起主要作用。

由于聚氨酯橡胶具有高弹性,在大形变时应力应变不成正比例关系。材料性能资料表明,当硬度在邵氏 A50 以下,拉伸或压缩率低于 10% 时,应力应变关系基本符合胡克定律。所以,在试验过程中,荷载大小应控制在合理范围内,保证模型对混凝土普弹性的模拟。

②保持合理的持荷时间。

高聚物材料不但具有弹性材料的一般特性,同时还具有黏性流体的一些特性。弹性和黏性在高聚物材料身上同时呈现得特别明显。高聚物的黏弹性表现在它有突出的力学松弛现象:在应力较小时,呈线性黏弹性;在应力较大时,呈非线性黏弹性。非线性黏弹性具体表现有:变形能 100% 恢复,但需要时间;应力不变时,应变随时间发展,但不会无限增大,而是趋于某一平衡值。所以,在模型试验中,要考虑聚氨酯橡胶应力、应变与时间的关系,既要控制形变量,也要在每个工况加载、卸载后等待规定时间再进行扫描或提取数据。

(5)试验工况的设计。

试验设计了两大类共 12 个工况,分别考虑了孔道转角、曲率半径、索拉力大小、有无摩擦等因素的影响。

首先,按加载区域与模型外形的关系分为两类。第一类试验的接触区域小于模型圆弧面,即绳索在模型圆弧面内的某点脱离接触,例如,在 D300 模型上接触 34°圆弧面后脱离,即孔道转角 34°。此类型用以模拟单向纯弯曲孔道设计(如预应力转向装置)或反向曲线孔道设计(如预应力拱脚结构)的接触情况。而第二类试验则在模型圆弧面起点与终点间施加荷载,即绳索在 D200 模型上与 180°圆弧面全部接触,在 D300 模型上与90°圆弧面全部接触,两端有直线段过渡。此类型用以模拟常规的曲线段预应力孔道的接触情况。

其次,考虑孔道转角因素,在第一类试验中,D200 模型设有 2 个不同角度,D300 模型设有 6 个不同角度。

另外,试验还安排了曲率半径、荷载及摩擦等对比工况。设计工况的信息见表 3-3。

试验工况设计一览表　　　　　　　　　　　表 3-3

类别	工况编号	转角(°)	模型	摩擦	索拉力	备注
一	1	25	D200	—	—	曲率半径不同
	2		D300	—	—	
	3	34	D300	—	—	索拉力大小不同
	4		D300	—	更小	
	5	50	D300	—	—	
	6	58	D200	—	—	曲率半径不同
	7		D300	—	—	
	8	69	D300	无	—	摩擦条件不同
	9			有	—	
	10	86	D300	—	—	
	11	90	D300	—	—	
二	12	180	D200	—	—	

(6)CT 层析影像。

每个工况需用螺旋 CT 仪对持荷与卸载状态分别进行扫描。扫描时,将沿试验模型厚度方向每隔指定步距(如 0.6 mm)形成大量层析影像,如图 3-21 所示。

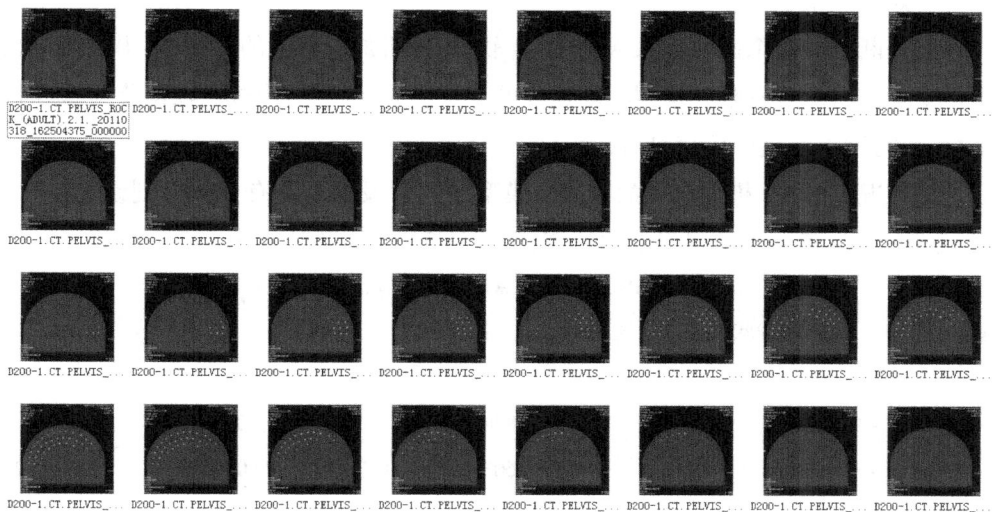

图 3-21 层析影像缩略图

下一步建立相应的有限元模型,通过输入加载前后的位移变化量得到应力状况。而位移变化量需要选取加载区域的层析影像进行对比分析。以工况 1 为例,首先在 CT 仪输出的持荷状态层析影像资料中找到显示有拉索的断面为 SP-85.4,如图 3-22 所示,则选定 SP-85.4 为加载断面;然后在卸载状态层析影像找到对应的断面 SP-85.4,如图 3-23 所示。如果需要,也可比较附近断面的影像,如 SP-80.6 或 SP-90.2。之后再对断面影像进行界面分析。

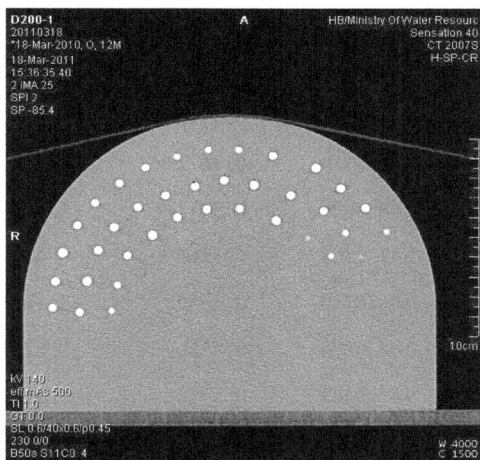

图 3-22 工况 1 持荷状态加载断面层析影像　图 3-23 工况 1 卸载状态加载断面层析影像

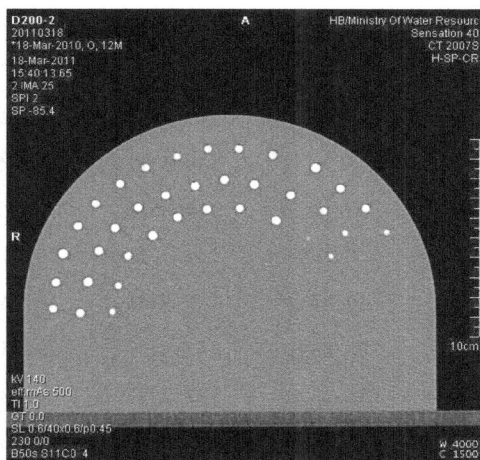

（7）模型界面对比。

将同一断面的两个影像导入 Auto CAD 软件，分析加载前后的界面，可得到模型轮廓的坐标变化。将对应有限元模型在圆弧段的节点作为控制点，通过比较持荷与卸载状态的坐标，可得到控制点的位移量 Δx、Δy。

例如工况 1，D200 模型对应的有限元模型在圆弧段的节点有 33 个，则设定 33 个控制点，SP-85.4 断面的位移量经对比计算，整理见表 3-4 与图 3-24。

工况 1 SP-85.4 控制点位移计算表（单位：mm） 表 3-4

控制点编号	卸载状态		持荷状态		Δx	Δy
	x	y	x'	y'		
−16	−99.9937	50	−99.8247	50	0.1690	0
−15	−99.7588	59.8028	−99.6038	59.7909	0.1550	−0.012
−14	−98.2925	69.5019	−98.1997	69.4847	0.0928	−0.017
−13	−95.8844	79.0110	−95.8409	78.9914	0.0435	−0.020
−12	−92.5576	88.2389	−92.5509	88.2173	0.0067	−0.022
−11	−88.3441	97.0971	−88.3621	97.0714	−0.0180	−0.026
−10	−83.2842	105.5007	−83.3157	105.4663	−0.0315	−0.034
−9	−77.4264	113.3689	−77.4616	113.3194	−0.0352	−0.049
−8	−70.8271	120.6263	−70.8575	120.5531	−0.0304	−0.073
−7	−63.5494	127.2034	−63.5684	127.0961	−0.0190	−0.107
−6	−55.6633	133.0369	−55.6663	132.8838	−0.0030	−0.153
−5	−47.2433	138.0710	−47.2291	137.8593	0.0142	−0.212
−4	−38.3743	142.2574	−38.2352	141.7127	0.1391	−0.545
−3	−29.1351	145.5558	−28.8537	144.5330	0.2814	−1.023
−2	−19.6186	147.9347	−19.2733	146.5779	0.3453	−1.357
−1	−9.9151	149.3712	−9.5579	147.8339	0.3572	−1.537
0	−0.1176	149.8516	0.2277	148.2926	0.3453	−1.559
1	9.6799	149.3712	10.0179	147.9508	0.3380	−1.420
2	19.3834	147.9346	19.7477	146.8110	0.3643	−1.124
3	28.8999	145.5557	29.3519	144.8806	0.4520	−0.675
4	38.1380	142.2573	38.6858	141.9427	0.5478	−0.315
5	47.0090	138.0709	47.5604	137.7973	0.5514	−0.274
6	55.4280	133.0368	55.9857	132.8015	0.5577	−0.235

控制点编号	卸载状态		持荷状态		Δx	Δy
	x	y	x'	y'		
7	63.3142	127.2032	63.8804	127.0036	0.5662	−0.200
8	70.5918	120.6261	71.1685	120.4593	0.5767	−0.167
9	77.1912	113.3687	77.7796	113.2319	0.5884	−0.137
10	83.0489	105.5004	83.6500	105.3909	0.6011	−0.109
11	88.1087	97.0969	88.7231	97.0120	0.6144	−0.085
12	92.3223	88.2386	92.9501	88.1759	0.6278	−0.063
13	95.6490	79.0107	96.2901	78.9679	0.6411	−0.043
14	98.0571	69.5016	98.7109	69.4767	0.6538	−0.025
15	99.5233	59.8025	100.1893	59.7939	0.6660	−0.009
16	99.7935	50	100.2489	50	0.4554	0

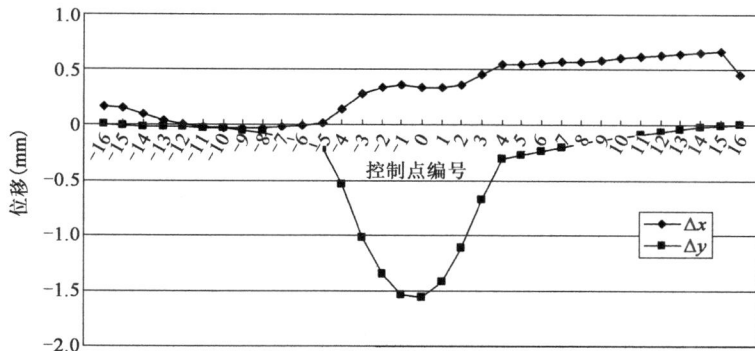

图 3-24 工况 1 SP-85.4 控制点位移折线图

3.3.1.2 对 CT 试验的 ANSYS 有限元分析

目前,国际上较大型的有限元通用软件主要有 ANSYS、NASTRAN、ASKA、ADINA、SAP 等软件。其中,ANSYS 是一个多用途的有限元法分析软件,在工程上应用相当广泛。ANSYS 软件包含了前置处理、解题程序以及后置处理,将有限元分析、计算机图形学与优化技术相结合,已成为现代工程学问题必不可少的有力工具,在机械、电机、土木、电子及航空等领域的使用,都能达到较高的可信度,颇获各界好评。

本文将采用 ANSYS 软件进行弯曲孔道接触相关问题的数值分析。利用 CT 技术获得了试验模型接触区域的位移数据,先通过 ANSYS 对该数据进行计算分析,研究接触应力的分布规律;再结合某预应力转向结构弯曲孔道实例的 ANSYS 数值计算,比较分析了不同压力分布下的接触区局部应力状况。

(1)模型的建立。

利用 ANSYS 建立三维模型,将以上获得的控制点位移量作为荷载施加在相应节点,以进行计算分析。

①模型单元。

模型选用 SOLID185 单元(图 3-25),该单元用于构造三维固体结构,单元通过 8 个节点来定义,每个节点具有 3 个沿着 x、y、z 方向的平移自由度,单元具有超弹性、应力刚化、蠕变大变形、大应变能力,还可采用混合模式模拟几乎不可压缩弹塑性材料和完全不可能压缩的超弹性材料。

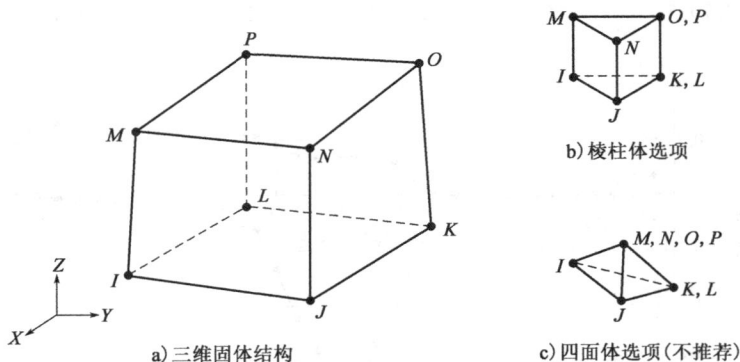

图 3-25 SOLID185 单元

②弹性模量与泊松比。

参考聚氨酯厂家提供的模型材料的力学性能指标,拟定硬度为邵氏 A40 的 D200 模型弹性模量 $E = 1100$ kPa;硬度为邵氏 A35 的 D300 模型弹性模量 $E = 1000$ kPa,泊松比均取 $\nu = 0.41$。

③计算模型。

在建立的 D200 实体模型中,共有节点数 9424,单元数 8280;D300 实体模型中,共有节点数 12519,单元数 11768。在实体底面约束所有的自由度。有限元模型如图 3-26、图 3-27 所示。

(2)位移施加。

在此环节,本章对工况 1 分别采用了两种加载方法,目的是比较两种加载方法对下一步有限元计算结果的影响,以确定在其他工况的分析中应选取何种方法。

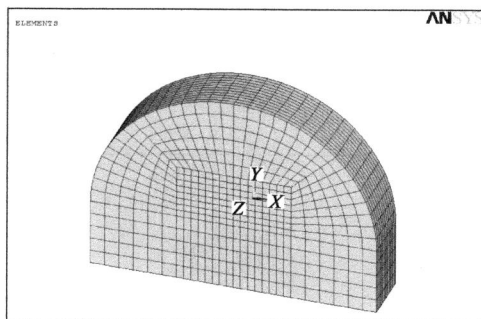

图 3-26　D200 实体模型　　　　　图 3-27　D300 实体模型

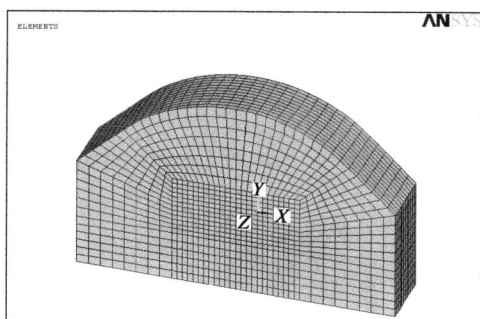

方法一是输入上一节表 3-3 的数据,只对 SP-85.4 断面施加位移。具体做法是:在模型的加载断面对应圆弧面的 33 个控制点逐一施加节点位移,如图 3-28a)所示。工况 1 加载后模型的变形情况如图 3-28b)所示。

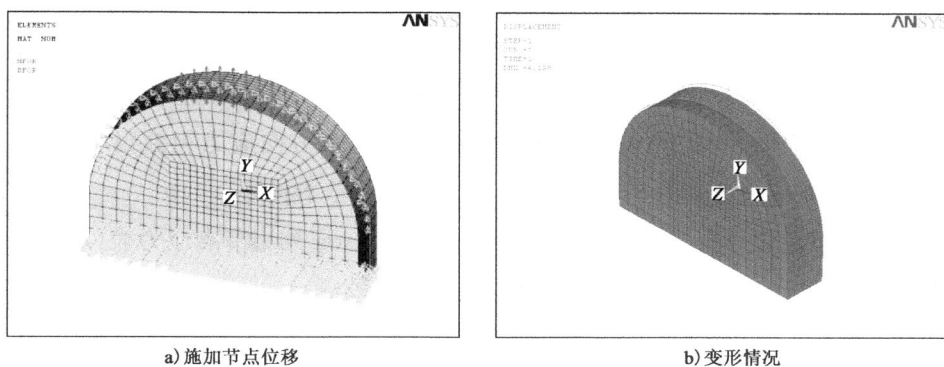

a)施加节点位移　　　　　　　　　　b)变形情况

图 3-28　工况 1 有限元模型的加载模拟

方法二则希望得到更高的精度,输入了 SP-80.6、SP-85.4 及 SP-90.2 三个断面的位移(因对称,SP-80.6 与 SP-90.2 位移数据相同)。两种方法如图 3-29 所示。

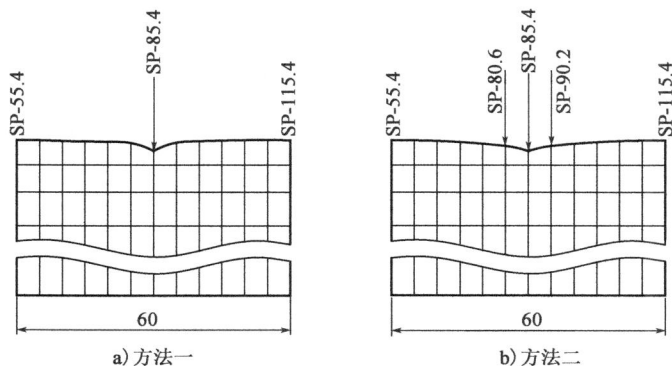

a)方法一　　　　　　　　　　b)方法二

图 3-29　位移施加示意图(尺寸单位:mm)

（3）有限元计算结果的处理。

以工况 1 为例，分别按两种方法施加位移之后，进行计算，Y 方向应力云图如图 3-30、图 3-31 所示。

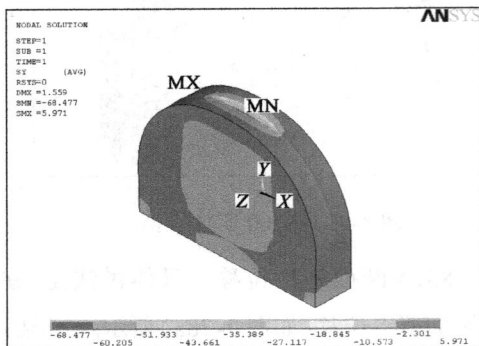

图 3-30　工况 1 方法一加载时的 Y 方向
应力云图

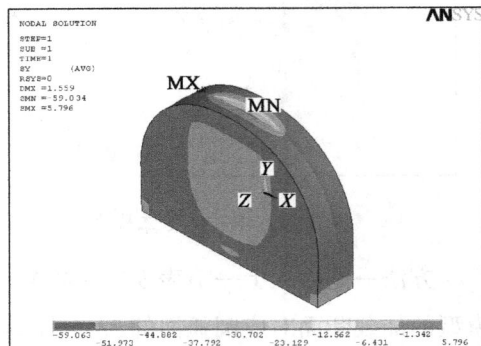

图 3-31　工况 1 方法二加载时的 Y 方向
应力云图

对比应力云图可发现，在直接接触区，方法一应力较集中，最大压应力值为 68.477 kPa，方法二最大压应力值为 59.034 kPa。而远离接触区的 Y 方向应力相差很小，其中方法一、方法二最大拉应力分别为 5.971 kPa 与 5.796 kPa，基本相等。

为了进一步量化分析接触应力，先利用 Results Viewer 列出节点应力表，从中找到断面圆弧段节点的 σ_x、σ_y、τ_{xy} 应力，再运用平面应力状态公式：

$$\begin{cases} \sigma_\alpha = \dfrac{1}{2}(\sigma_x + \sigma_y) + \dfrac{1}{2}(\sigma_x - \sigma_y)\cos2\alpha - \tau_{xy}\sin2\alpha \\ \tau_\alpha = \dfrac{1}{2}(\sigma_x - \sigma_y)\sin2\alpha + \tau_{xy}\cos2\alpha \end{cases} \tag{3-34}$$

计算以上边缘节点在 x-y 平面的法向、切向应力。工况 1 方法一施加位移时应力计算过程见表 3-5，所得的法向、切向应力结果在图 3-32 以折线图表示。

工况 1 方法一加载时圆弧边缘节点应力计算表（单位：kPa）　　　　表 3-5

控制点编号	节点号	σ_x	σ_y	τ_{xy}	法向应力值	切向应力值
−15	1343	1.3148	4.1202	−4.4499	0.47362	−4.09074
−14	1342	5.5972	1.7079	−4.0910	3.88361	−4.52378
−13	1341	7.1129	3.5963	−3.0539	5.11992	−3.51608
−12	1340	7.2570	3.6174	−3.0268	4.58372	−3.42706

续上表

控制点编号	节点号	σ_x	σ_y	τ_{xy}	法向应力值	切向应力值
−11	1339	7.9245	4.1823	−3.0994	4.51587	−3.27770
−10	1338	8.3398	4.3094	−3.3093	4.03839	−3.12822
−9	1337	8.9891	4.6198	−3.6637	3.63735	−2.85742
−8	509	9.4524	3.4722	−4.2378	2.22450	−2.99010
−7	671	9.4764	4.9392	−4.7681	2.08874	−1.29480
−6	672	9.6468	5.9708	−5.4374	2.08193	0.38271
−5	673	10.1780	5.7144	−8.1508	−0.07086	2.67267
−4	674	6.6620	−5.1572	−8.3220	−5.45731	2.05938
−3	675	−3.3889	−15.3190	−9.6769	−15.18431	3.06533
−2	676	−12.7620	−41.8520	−5.6968	−41.77266	−1.06834
−1	677	−24.6050	−62.7530	−2.7618	−62.94451	−0.81733
0	678	−26.4560	−68.4770	0	−68.47700	0
1	679	−24.6050	−62.7530	−2.7618	−62.94451	0.81733
2	680	−12.7620	−41.8520	−5.6968	−41.77266	1.06834
3	681	−3.3889	−15.3190	−9.6769	−15.18431	−3.06533
4	682	6.6620	−5.1572	−8.3220	−5.45731	−2.05938
5	683	10.1780	5.7144	−8.1508	−0.07086	−2.67267
6	684	9.6468	5.9708	−5.4374	2.08193	−0.38271
7	685	9.4764	4.9392	−4.7681	2.08874	1.29480
8	515	9.4524	3.4722	−4.2378	2.22450	2.99010
9	2633	8.9891	4.6198	−3.6637	3.63735	2.85742
10	2634	8.3398	4.3094	−3.3093	4.03839	3.12822
11	2635	7.9245	4.1823	−3.0994	4.51587	3.27770
12	2636	7.2570	3.6174	−3.0268	4.58372	3.42706
13	2637	7.1129	3.5963	−3.0539	5.11992	3.51608
14	2638	5.5972	1.7079	−4.0910	3.88361	4.52378
15	2639	1.3148	4.1202	−4.4499	0.47362	4.09074

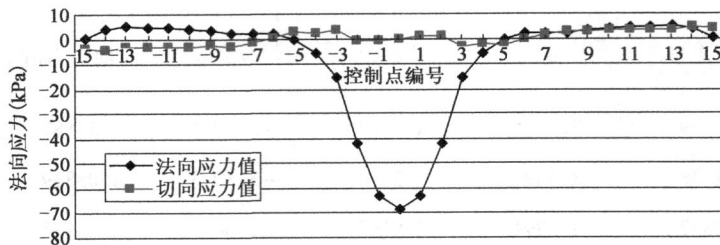

图 3-32 工况 1 方法一加载时圆弧边缘节点应力分布图

工况 1 接触区偏转角度为 25°(该角度可在层析影像 SP-85.4 中确定),因相邻节点偏角为 5.625°,所以接触左边界在编号点 3 附近,右边界在编号点 3 左右之间,只有编号为 −3、−2、−1、0、1、2、3 等节点在接触区内。折线图非常直观地显示了接触区内法向应力非均匀分布的特点,在接触区外,法向应力接近为零。而整个圆弧区节点的切向应力均很小,表明计算结果较理想。

下面计算工况 1 方法二施加位移时的应力。计算过程不再冗述,直接在图 3-33 中比较应力分布如下,由于左右对应节点的法向应力相等,只展示左半区节点的结果。

观察工况 1 两种位移施加方法时法向应力曲线(图 3-33)发现,在接触区域之外,法向应力几乎没有差别;在接触区内,方法二的应力均小于方法一,但有严格的比例关系,曲线的趋势非常相似。这表明,虽然理论上方法二能得到更准确的接触区应力值,但我们最终要得到的是接触区法向应力的分布规律(即相对关系),因此,方法一也能达到预期。由于方法二的工作量过大,其他工况的分析均采用方法一。

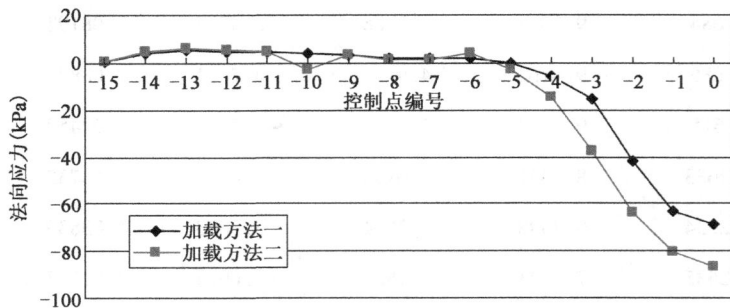

图 3-33 工况 1 两种位移施加方法时的法向应力比较

以下列出了部分工况的 Y 方向应力云图,如图 3-34 ~ 图 3-42 所示。由于其他工况从应力云图很难观察出与对比工况的差异,故未予列出。

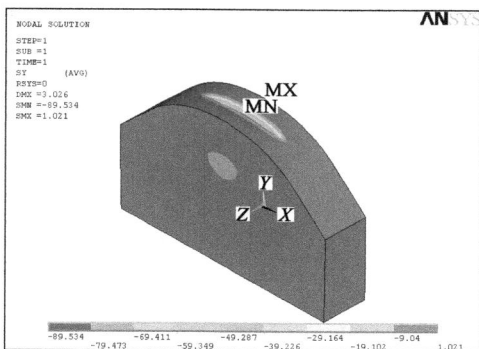

图 3-34　工况 2（D300 模型 25°转角）
stress-y 云图

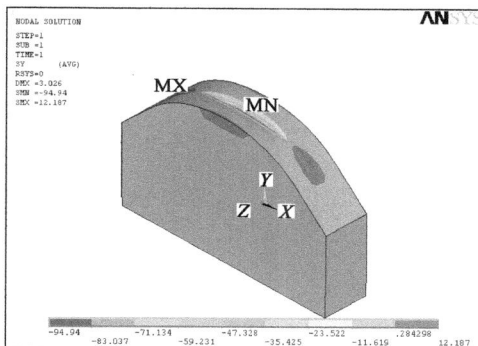

图 3-35　工况 3（D300 模型 34°转角）
stress-y 云图

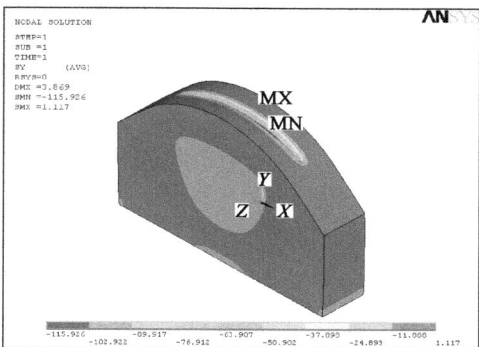

图 3-36　工况 5（D300 模型 50°转角）
stress-y 云图

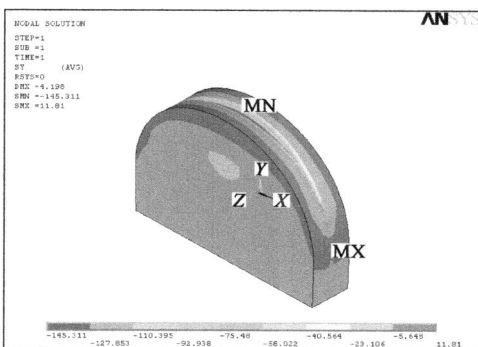

图 3-37　工况 6（D200 模型 58°转角）
stress-y 云图

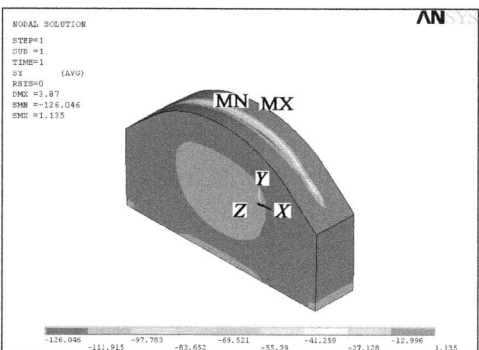

图 3-38　工况 7（D300 模型 58°转角）
stress-y 应力云图

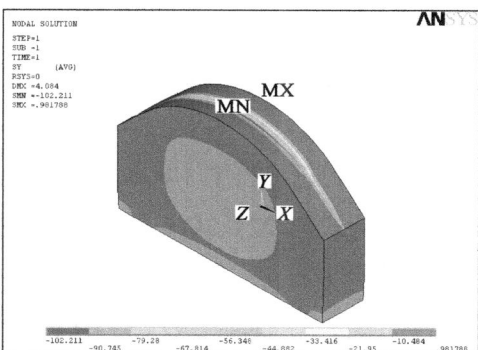

图 3-39　工况 8（D300 模型 69°转角）
stress-y 云图

图 3-40　工况 10(D300 模型 86°转角)　　　图 3-41　工况 11(D300 模型 90°转角)

stress-y 云图　　　　　　　　　　　　stress-y 云图

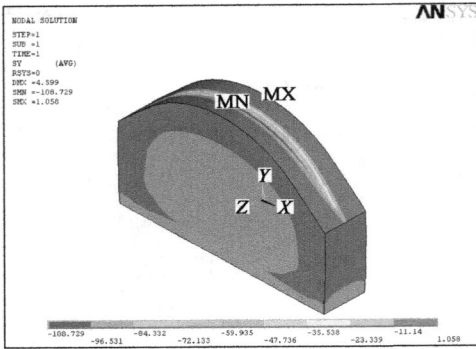

图 3-42　工况 12(D200 模型 180°转角)stress-y 云图

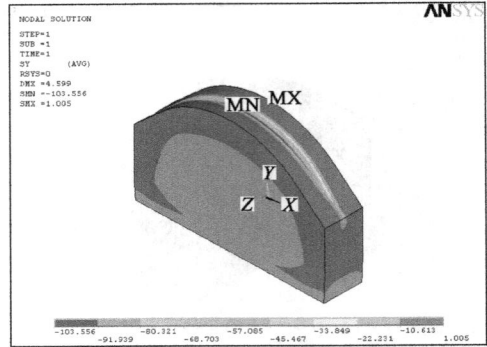

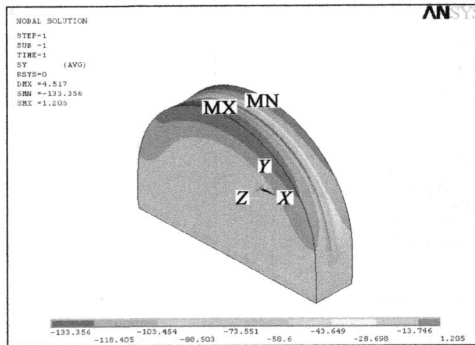

3.3.2　压力分布函数曲线拟合

在 3.2 节,已提出了 3 种非均匀分布假设,并给出了以转角 θ 为自变量的压力分布函数,分别为式(3-27)、式(3-30)、式(3-33)。

(1)余弦分布:

$$p(\theta) = \frac{\alpha T}{\pi R}\left[\left(\frac{\pi}{\alpha}\right)^2 - 1\right]\tan\frac{\alpha}{2}\cos\frac{\pi}{\alpha}\theta$$

(2)二次抛物线分布:

$$p(\theta) = \frac{3T}{2R}\left(1 - \frac{\sin^2\theta}{\sin^2\frac{\alpha}{2}}\right)\qquad\left(0 \leqslant \theta \leqslant \frac{\pi}{2}\right)$$

（3）椭圆分布：

$$p(\theta) = \frac{4T}{\pi R} \sqrt{1 - \left(\frac{\sin\theta}{\sin\frac{\alpha}{2}}\right)^2} \qquad \left(0 \leqslant \theta \leqslant \frac{\alpha}{2}\right)$$

令 $T/R = 1.0$，分别按以上 3 种函数计算本章 8 种试验角度下的压力分布，整理如图 3-43 ~ 图 3-45 所示。

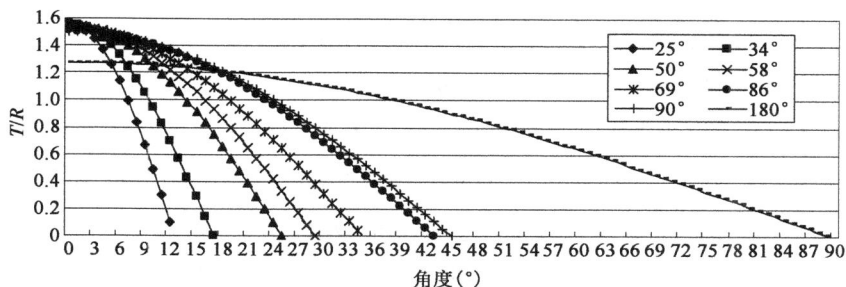

图 3-43　余弦分布假设下的接触压力

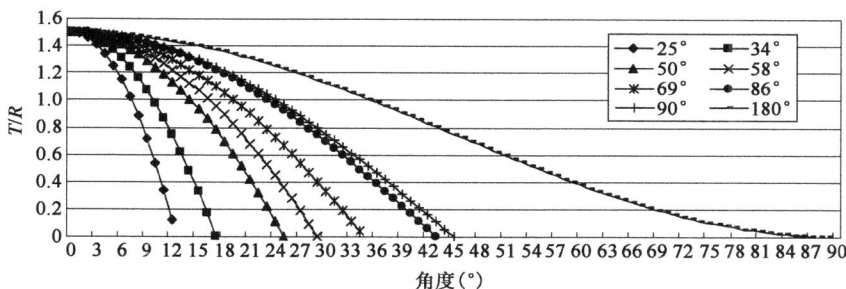

图 3-44　二次抛物线分布假设下的接触压力

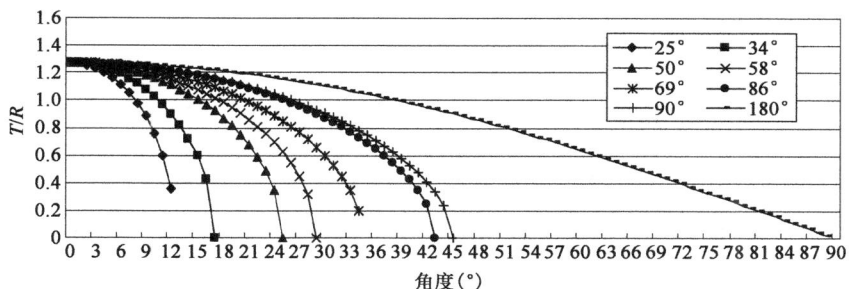

图 3-45　椭圆分布假设下的接触压力

比较发现，3 种压力分布除了有单调递减的共性之外，也还有各自特点。

（1）余弦分布假设下的最大压力值与平均值比值 T/R 是变化的$\left(\text{从上限} \frac{\pi}{2} \text{向下限}\right.$

$\dfrac{4}{\pi}$ 减小);孔道转角越小,压力分布的不均匀程度就越高;孔道转角越大,压力分布就越接近平均值。

(2)二次抛物线分布假设下的最大压力值与平均值 T/R 的比值是常数 1.5,其特点是在 180°转角时的压力曲线出现了拐点。

(3)椭圆分布假设下的最大压力值与平均值 T/R 的比值是常数 $\dfrac{4}{\pi}$,当孔道转角在 90°以内时,在孔道终点处其压力梯度无穷大,压力曲线呈标准的 1/4 椭圆。

上述分析表明,接触压力在不同的转角设计时有不同的分布规律,难以简单地概括。但在桥梁工程中,预应力弯曲孔道的转角一般不大于 30°(斜拉桥索塔 U 形预应力孔道转角设计为 90°属特例),所以对较小转角时的压力分布规律的研究更具实用价值。以下对工况 1(D200 模型转角 25°)与工况 3(D300 模型转角 34°)开展进一步的拟合分析。将圆弧段法向应力数据按面积相等原则折算后与以上三种压力分布函数在相同转角时的函数曲线制成图 3-46 与图 3-47 进行比较分析。

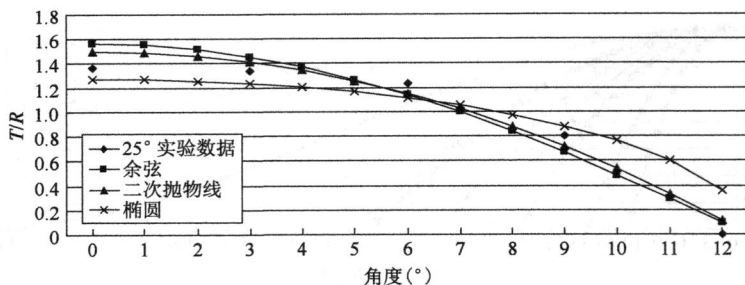

图 3-46　转角 25°时的压力分布比较

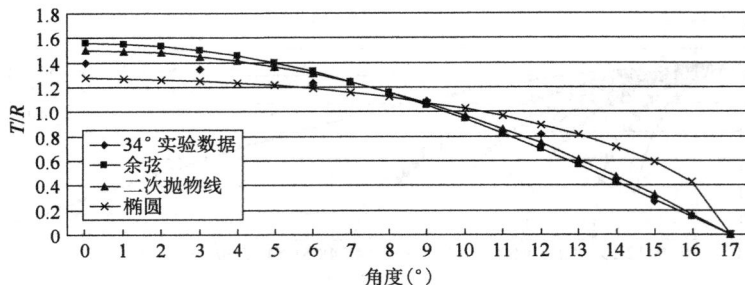

图 3-47　转角 34°时的压力分布比较

从图 3-46、图 3-47 的比较可以看到:

在压力值大于平均值的上半区,试验曲线低于余弦分布及二次抛物线分布,高于椭圆分布,但其曲线比余弦分布及二次抛物线分布均要平缓,斜率与椭圆分布更接近;在压力值小于平均值的下半区,试验曲线与余弦分布及二次抛物线分布比较吻合,丝毫没有椭圆曲线的突降特征。

虽然工况1、工况3的试验结果并不完全与任何一种函数曲线吻合,但整体趋势与余弦或二次抛物线假设下的分布函数类似。在小转角情况下,这两种分布函数很接近,但余弦假设下的分布函数能反映压力分布的不均匀程度随孔道转角的变化,比较符合试验结果。

综上所述,推荐直接采用余弦分布或采用以之为底数的修正函数形式。

3.3.3　接触应力分析

对每一工况下的接触区法向应力进行了计算,以下将讨论法向应力与诸多因素的关系。由于第二类试验在接触边界附近的应力趋势有特殊的表现,与第一类试验的结果区别明显,故将在最后单独分析。

3.3.3.1　转角对压力分布的影响

从各工况法向应力计算结果发现,不同转角时的接触区应力分布形状区别最明显。在第一类试验中,D200模型设有2个不同角度,D300模型设有6个不同角度。图3-48、图3-49分别整理了两个模型各工况的计算数据,以供比较。由于左右半区应力对称,图中仅示出左半区数据。

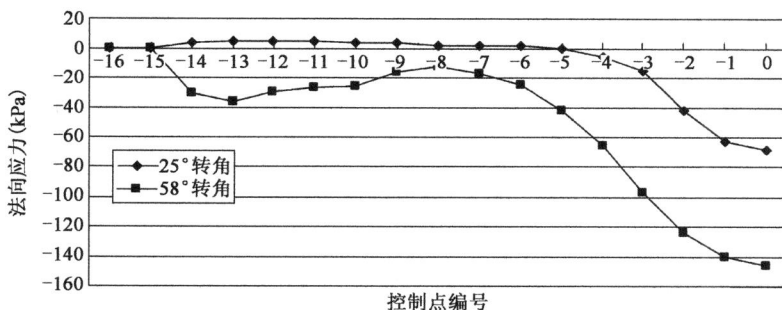

图3-48　D200模型两个工况的法向应力

图3-48、图3-49折线图表明,在接触区内,法向应力由中心向边界逐渐减小,已初步证实了接触区压力是非均匀分布的结论。

由于各工况对试验加载没有量化控制,所以应力值大小不完全相等,甚至个别工况(如D300模型58°转角)法向应力的最大值比其他工况大很多。以下将最大应力值统一折算为−1,这样就可以更直接地比较法向应力曲线的趋势。

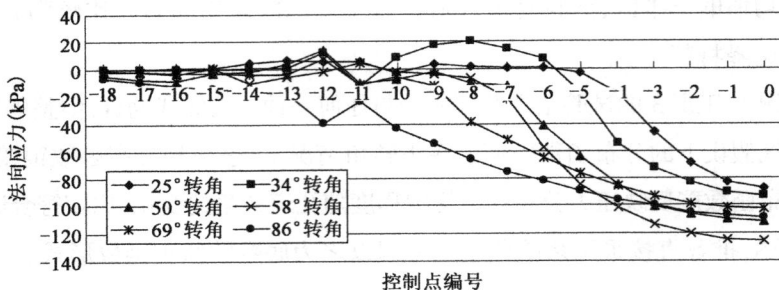

图 3-49　D300 模型六个工况的法向应力

图 3-50、图 3-51 为折算后的折线图,并去除了边界外的数据。从图 3-50、图 3-51 中可观察到,对同一模型,转角越大,法向应力梯度越小,曲线显得越平缓。另外,我们注意到边界点法向应力值并未完全降为零,原因有二:一是工况转角值是以拉索角度测算的,但因为模型受压变形,实际的接触边界会向两侧扩大,在向外大约 1 个控制点才真正完全脱离接触,导致接触区比工况转角值稍大,所以在预计的接触边界内仍有压力存在;二是本章研究方法尚处于探索阶段,有可能在试验、建模或计算等环节的处理存在未知的误差。

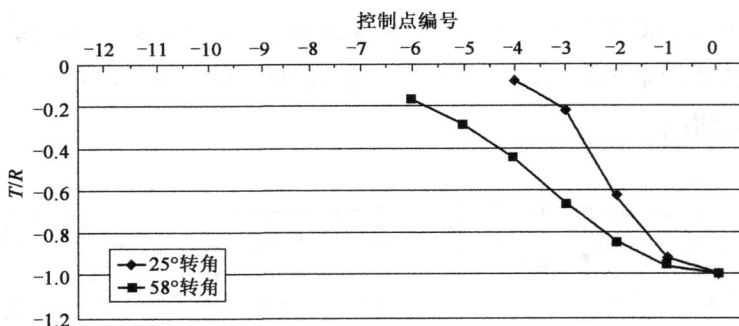

图 3-50　D200 模型接触区法向应力比较

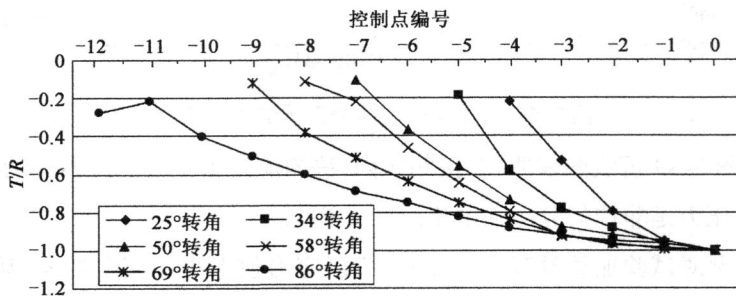

图 3-51　D300 模型接触区法向应力比较

3.3.3.2　索拉力与曲率半径对压力分布的影响

由式(3-20)可知,均布压力作用下的弹性半空间内任意点的法向应力与压力集度 p 呈正比关系。在本试验中,T 为索拉力,R 为模型圆弧段曲率半径。若视模型 T/R 为名义均布力集度,研究是否法向应力与 T 呈正比、且与 R 呈反比。

(1)工况 3、工况 4 是为索拉力大小因素而设计,可观察其他条件相同时压力分布在不同索拉力下的表现,如图 3-52 所示。

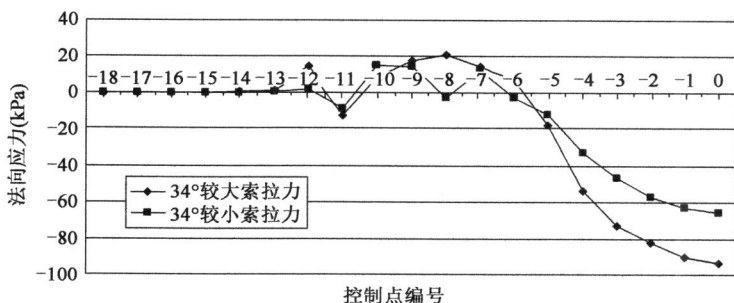

图 3-52　转角 34°不同索拉力的法向应力比较

本组两个工况的接触左边界在 -5 号点附近,但法向应力均在近 -6 号点降为 0 值。从图 3-52 可观察到接触区内,索拉力越大,最大应力值越大,各点应力基本呈正比例关系。

(2)工况 1 与工况 2、工况 6 与工况 7 两组对比试验则考虑曲率半径因素,目的是探讨在试验索拉力相等的情况下,接触孔道曲率半径是否影响接触区压力的分布。

图 3-53、图 3-54 显示了两组试验的法向应力变化趋势。

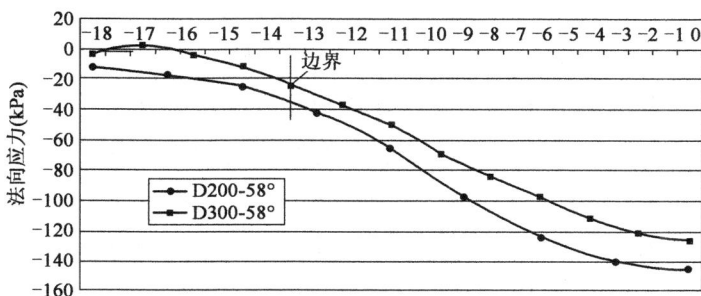

图 3-53　工况 7 与工况 8 转角 58°的法向应力比较

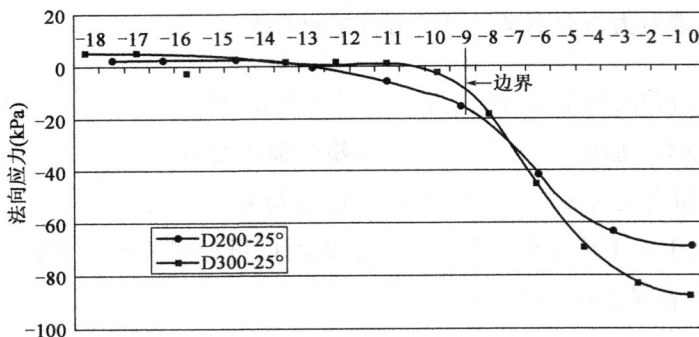

图 3-54　工况 1 与工况 2 转角 25°的法向应力比较

由于两个 ANSYS 模型在接触区的节点划分间隔角度不同(D200 为 5.625°,D300 为 3.75°),因此图中控制点未一一对应,以光滑曲线连接便于比较。

工况 7 与工况 8 转角均为 58°,试验加载的索拉力较接近,图 3-53 说明,曲率半径越小,各节点法向应力越小,基本呈反比关系。

图 3-54 表示了工况 1 和工况 2,转角均为 25°,因工况 2 试验控制的偏差,索拉力 $T_2 > 1.5T_1$,致使 $T_2/R_2 > T_1/R_1$,因此 D300 的最大应力值仍大于 D200。但该组曲线体现了两种因素的共同影响。

对以上三组对比试验应力值的折算分析表明,当 $T_2/R_2 = T_1/R_1$ 时,接触区节点的法向应力值及应力梯度大多较为吻合。

3.3.3.3　摩擦对压力分布的影响

除工况 9 外,试验前均对绳索与模型圆弧面做了润滑处理,摩擦相对很小,但严格而言,不可能完全消除摩擦。将有摩擦时的压力分布与摩擦很小时的压力分布进行比较是有意义的,这有助于了解现在采用的简化方法(即忽略摩擦影响求解压力)有多高的合理性及精确度。工况 8、工况 9 是一组考虑摩擦条件的对比试验,一个有利的条件是试验均使用 D300 模型且转角也同为 69°。我们将绳索的两端一直固定,每次张紧绳索的程度完全相同,以保证两个工况中索拉力基本不变。试验先实施工况 9,不做润滑,加载后通过调整底座将模型向右平移 1 cm,使绳索对模型接触区产生向左的摩擦,之后进行扫描。工况 8 实施时则使用润滑剂。本组对比试验的圆弧段法向应力计算结果整理成表 3-6 及图 3-55。

工况8、工况9法向应力表（单位:kPa）　　　　　表3-6

控制点编号	节点号	法向应力	
		工况8（无摩擦）	工况9（有摩擦）
−18	2692	−4.78957	−5.10706
−17	4163	−7.85701	−5.83670
−16	4164	−8.71150	−6.42045
−15	4165	−9.30500	−6.75849
−14	4166	−9.51900	−7.03943
−13	4167	−9.64305	−7.44929
−12	4162	−9.93239	−13.01710
−11	5638	−19.60080	−17.45550
−10	5639	−28.13590	−27.10080
−9	5640	−40.14330	−35.93730
−8	5641	−50.39210	−45.59830
−7	5642	−60.80520	−55.40020
−6	5643	−70.4970	−65.28250
−5	5644	−79.43420	−74.82030
−4	5645	−87.19880	−83.71770
−3	5646	−93.57930	−91.58650
−2	5647	−98.30940	−97.09200
−1	5648	−101.22100	−101.91500
0	5649	−102.21000	−101.77000
1	5650	−101.22100	−100.67100
2	5651	−98.30940	−97.57780
3	5652	−93.57930	−94.40720
4	5653	−87.19880	−90.06010
5	5654	−79.43420	−84.33580
6	5655	−70.49700	−77.10360

控制点编号	节点号	法向应力	
		工况8(无摩擦)	工况9(有摩擦)
7	5656	− 60.80520	− 67.91850
8	5657	− 50.39210	− 56.76360
9	5658	− 40.14330	− 42.02360
10	5659	− 28.13590	− 16.53130
11	5660	− 19.60080	− 12.96290
12	5350	− 9.93239	− 12.76730
13	5355	− 9.64305	− 12.91690
14	5354	− 9.51900	− 12.23440
15	5353	− 9.30500	− 10.75780
16	5352	− 8.71150	− 8.62715
17	5351	− 7.85701	− 5.88548
18	3874	− 4.78957	− 1.04280

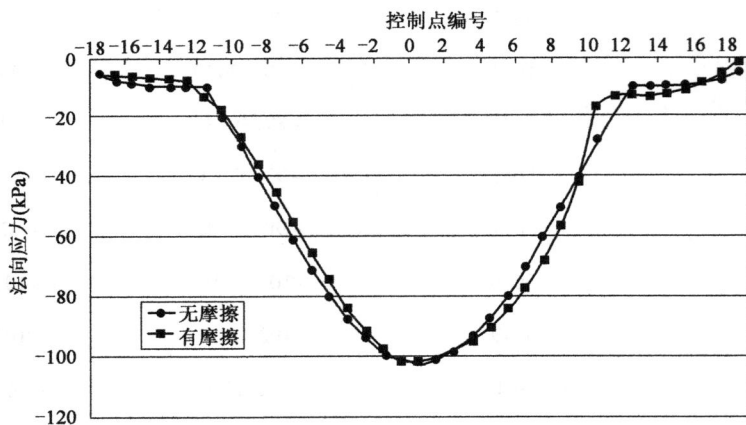

图 3-55　工况 8 与工况 9 法向应力比较

从图 3-55 可见,绳索相对模型向左移动,摩擦的效果是增大了接触区右半部分的法向压力并减小了左半部分的法向压力,未发现最大值出现明显的变化。显然,摩擦力对法向应力的影响相对较小。当然,此结论只适用本章中的试验分析。

3.3.3.4 第二类接触试验

一般的曲线段预应力孔道采用"直线-圆弧-直线"的设计,实际的接触情况与本试验的第二类相同。第二类接触试验在模型圆弧面起点与终点间都施加有法向压力,如工况 11 绳索在 D300 模型上与 90°圆弧面全部接触,工况 12 绳索在 D200 模型上与 180°圆弧面全部接触,而且模型两端连接有相切的直线段。

(1)工况 11 的应力分析。

工况 11 的计算结果整理成图 3-56,从中可观察到法向应力的两个特殊表现:一是在圆弧段起点区域有突变,二是在整段直线上仍未降为零值。理论上,该工况接触角度为90°,在圆弧段起点应已脱离接触,不应有以上现象;但当回顾工况 10(D300-86°)时(图 3-50),发现其法向应力曲线走势的确与工况 11 非常相似,只不过工况 10 中法向应力最终在直线段上降为了零值。可见这些现象可能有一定的必然性,值得进一步研究。为了更细致地分析本工况的接触情况,本章另外建立了二维的平面模型,如图 3-57 所示,单元选用 PLANE182,节点数 3991,弹性模量取 1000 kPa,泊松比为 0.41,与三维立体模型一致。

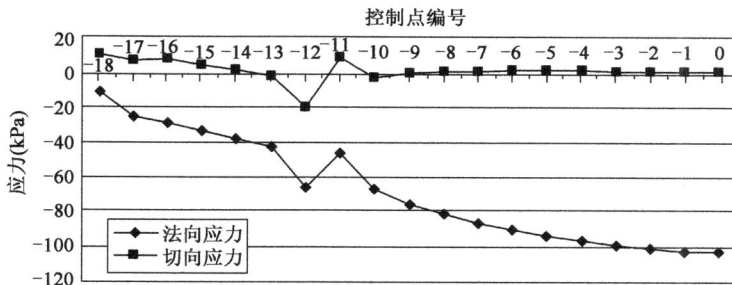

图 3-56 立体模型对工况 11 的应力计算结果

为使计算结果有相对更高的精度,建立平面模型时,将网格划分密度加倍。例如,立体模型在圆弧面有 37 个节点,而平面模型在圆弧面有 73 个节点。所以,进行界面分析时,要对应采集 73 个控制点坐标,之后按同样的计算步骤和分析方法,求解得模型的应力云图如图 3-58 所示,整理出应力结果成折线图 3-59 所示。

平面模型的应力计算结果印证了工况 11 的特殊表现。接触区内法向应力逐渐减小,在圆弧段起点附近区域,法向及切向应力均出现波动,并在对应圆弧起点处出现极值;法向应力值在直线段相对很小,但未完全降为 0。

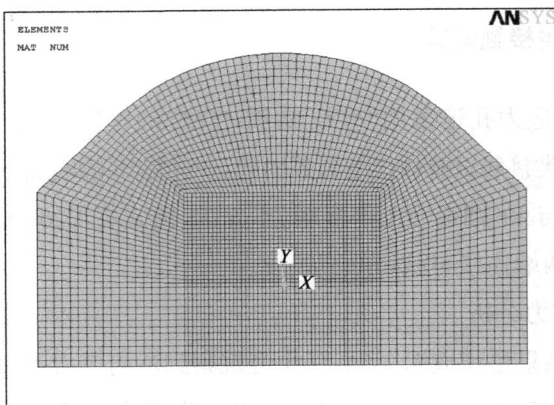

图 3-57　D300 平面模型

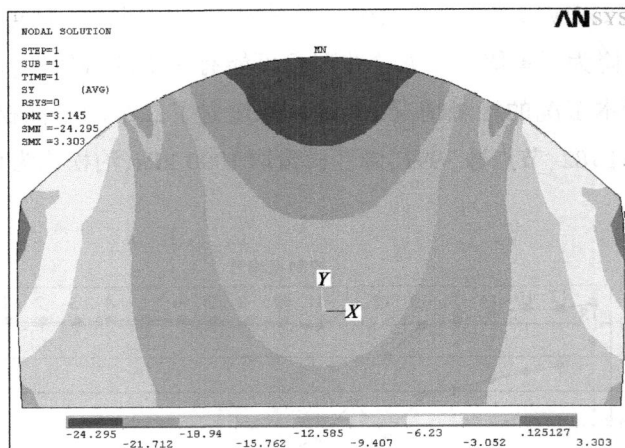

图 3-58　平面模型工况 11 的 Y 方向应力云图

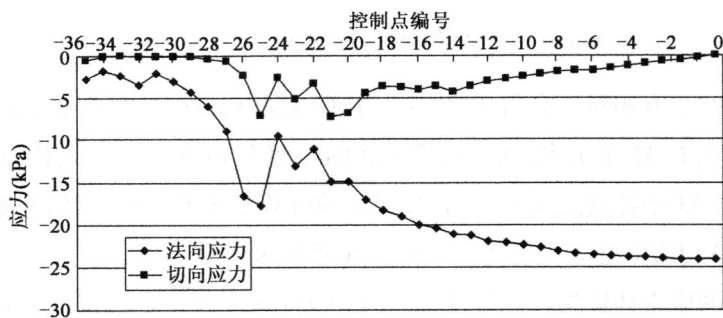

图 3-59　平面模型对工况 11 的应力计算结果

之所以应力值在圆弧起点出现突变,原因是该点是圆弧与直线的连接点,并非二阶连续,或者说该点的曲率半径由 150 mm 突变为了无穷大。接触应力对接触物体的外形很敏感,会在该点产生应力集中。但事实上,作为弹性体模型,该点附近会产生变形来适应过大的压力,从而改变曲率以部分减缓应力集中。本试验模型的弹性模量较小而泊松比较大,这种调整比较明显,可形成较大的变形区域,所以接触应力极值不会很大;但对于混凝土等材料,该点的应力值会比试验结果更集中。

至于法向应力在直线段未完全归零的现象,应源于试验模型的变形造成绳索未真正脱离直线段,尽管试验设计上绳索与直线是平行的。

(2)工况 12 的应力分析。

工况 12 的计算结果整理成图 3-60 所示,从中可观察到,有与工况 11 类似的表现。除此之外,在圆弧段的较长区域内法向应力变化很小,应力曲线显得平直。由于事先没有制作圆弧面对应角度更接近 180°的试验模型(如 120°、150°等),无法设计可提供比照数据的工况。但结合图 3-60,本章分析认为,接触区转角越大,法向应力曲线就会越平缓,应力值接近的区域就越大。可以推论,对于压力管道等结构中 360°的环向预应力孔道而言,如果忽略孔道摩阻力,钢束与孔道混凝土间的接触压力在中段很大范围内都会非常接近平均压力值,只在接近锚固段的部分法向压力变化明显。

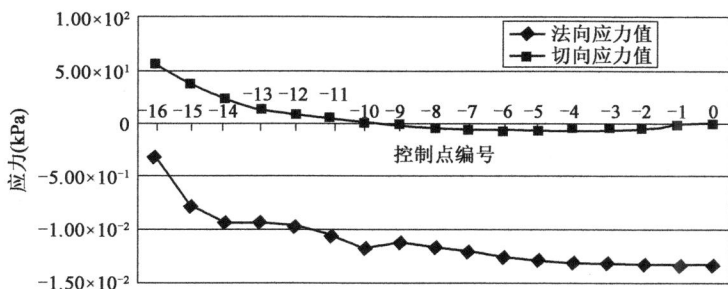

图 3-60 工况 12 的应力计算结果

3.4 预应力筋布置及优化设计

环向预应力锚固体系因其构造简单、造价便宜、养护工作量小等优点,在中小跨径斜拉桥中有着广泛的应用。但是,索塔锚固区受斜拉索孔道削弱、预应力锚固及预应力施工工艺的影响,应力集中现象明显且受力复杂,同时,不同的环向预应力锚固体系布置形式对索塔锚固区应力分布也有着较大影响。因此,在设计过程中需计算对比不同预应力布置形式对索塔应力的影响,并根据索塔压应力储备、材料工程量、施工工作量等因素综合对比,以确定出合理的预应力布置形式。

3.4.1　预应力筋平面合理布置

环向预应力锚固体系平面通常采用"井"字形布置、顺桥向开口 U 形索、横桥向开口 U 形索以及混合形布置等形式。本节以襄樊汉江三桥(襄阳卧龙大桥)为工程背景分析对比不同预应力布置形式的受力特点,通过综合比选确定合理的预应力筋平面布置形式。

襄樊汉江三桥是原襄樊市(今襄阳市)内环线西段上的一座特大桥,全长 4343.5 m,其中主桥为 128.5 m + 310 m + 128.5 m 预应力混凝土双塔双索面斜拉桥,如图 3-61 所示。为突出整体景观效果,设计采用无上横梁双直立桥塔形式,塔冠顺桥向设计为羽扇形状,与襄樊古城的人文景观协调一致。桥塔总高度为 122.5 m(南塔)和 120.3 m(北塔),采用 C55 混凝土,上塔柱索塔锚固区为竖直塔柱,采用带倒角的空心箱形断面,截面尺寸 6.5 m×4.2 m(顺桥向×横桥向),索塔锚固区壁厚 1.2 m。

斜拉索按扇形布置,每个索面由 26 对高强度平行钢丝斜拉索组成。斜拉索采用 ϕ7 mm 高强度、低松弛镀锌钢丝,抗拉强度为 1770 MPa。根据索力的不同,全桥斜拉索采用 6 种规格,斜拉索最大索力为 7190 kN。

对于索塔锚固的设计,针对"井"字形直束、U 形束横桥向开口和 U 形束顺桥向开口三种平面布束方式对比分析,如图 3-62 所示。"井"字形直束塔壁每边布置 2 束钢束以降低钢束规格,减小预应力锚固区应力集中,顺桥向长边配置 12ϕ^s15.20 钢绞线,横桥向短边配置 16ϕ^s15.20 钢绞线,均采用单端张拉;由于上塔柱采用带倒角截面,考虑钢束锚固需求,长边钢束采用 R = 6 m 大半径圆曲线平弯。U 形束采用横桥向、顺桥向两种开口布置形式,均配置 16ϕ^s15.20 钢绞线,受桥塔截面尺寸限值,均采用 R = 1.5 m 小半径预应力,U 形束采用两端张拉。

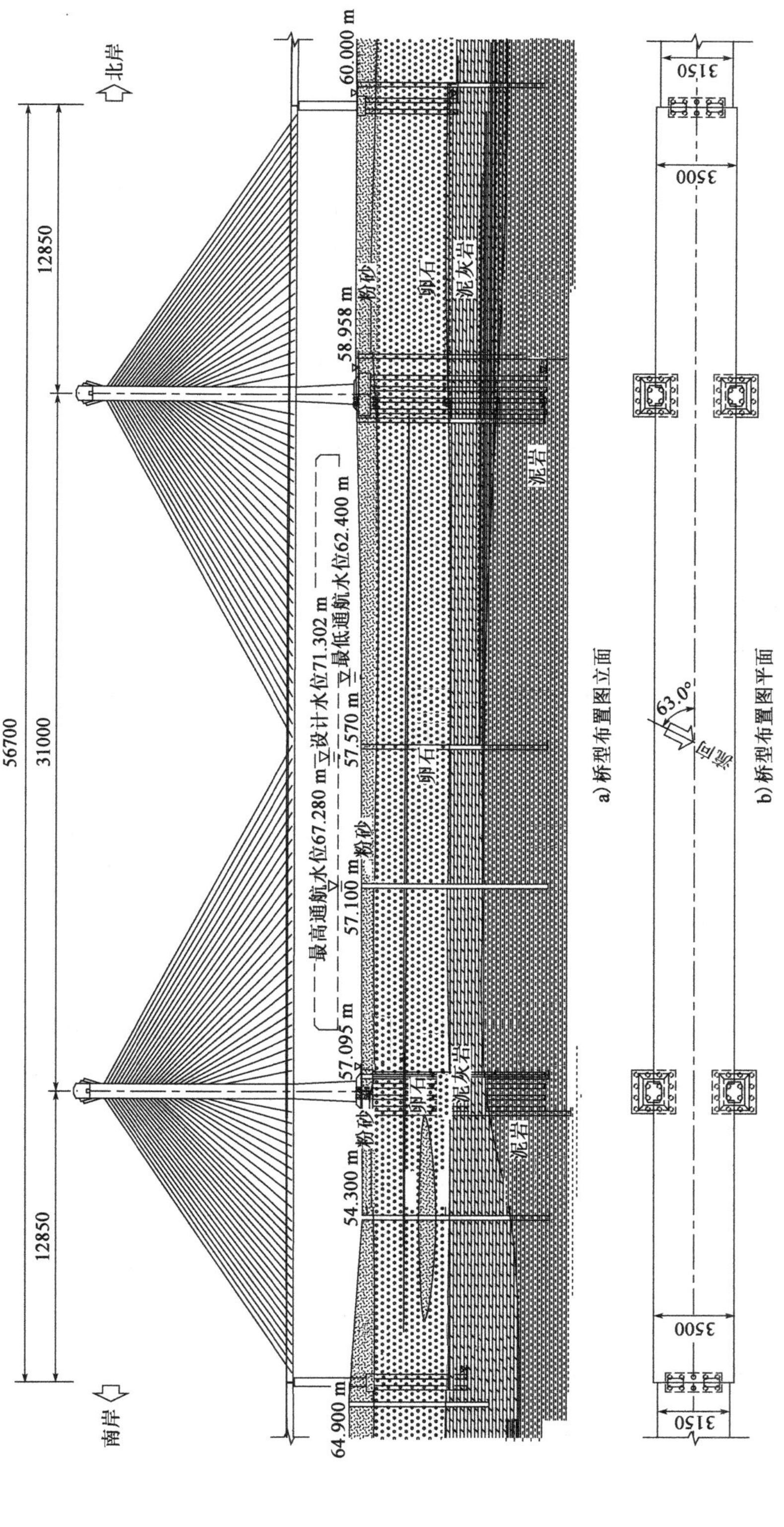

图3-61　襄樊汉江三桥桥型布置图(尺寸单位: cm)

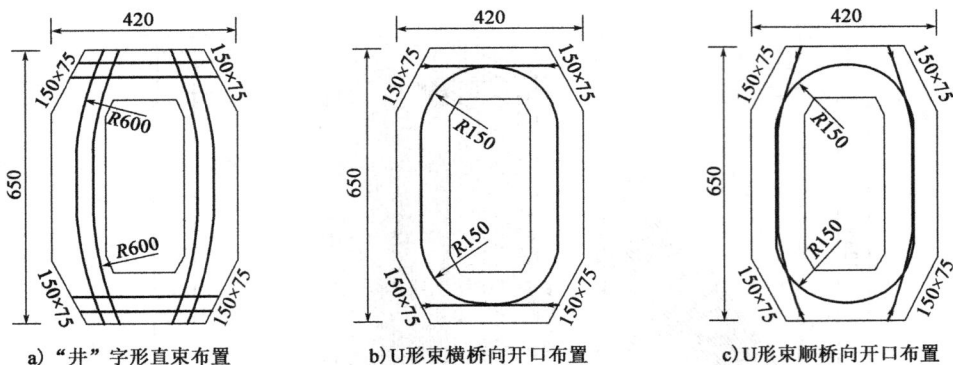

a)"井"字形直束布置　　　b)U形束横桥向开口布置　　　c)U形束顺桥向开口布置

图 3-62　环向预应力平面布置形式(尺寸单位:cm)

根据全桥杆系模型计算结果,靠近塔顶的索力最大,且拉索水平倾角小,水平分力大,导致塔顶区域索塔锚固区受力最不利,因此预应力平面布置选取塔顶 26 号斜拉索区域进行局部应力分析。根据圣维南原理,当节段局部模型长度取构件高度的 3 倍以上,边界条件引起的误差可近似忽略,按此原则偏保守建立桥塔 21 号~26 号斜拉索区域五节段有限元模型,节段底采用固结约束形式。X 方向为顺桥向,Y 方向为横桥向,Z 方向为竖桥向。模型主要分为混凝土锚固区和预应力钢束两部分。材料参数选取见表 3-7。

实体模型材料及计算参数　　　　　　　　　　　　　表 3-7

材料类型	弹性模量 (MPa)	泊松比	线膨胀 系数	钢束与管道 摩擦系数 μ	管道偏差 影响系数 k (1/mm)	锚具回缩量 (mm)
C55	35500	0.2	1.0×10^{-5}	—	—	—
Strand1860	195000	0.3	1.2×10^{-5}	0.2	1.5×10^{-6}	6

从全桥杆系模型提取不同工况下索力,按均布荷载作用于索塔锚固区混凝土齿块,主要考虑以下四种工况:

(1)工况一(施工工况):自重 + 环向预应力张拉。

(2)工况二(成桥工况):自重 + 环向预应力张拉 + 成桥恒载。

(3)工况三(运营工况):自重 + 环向预应力张拉 + 成桥恒载 + 运营活载。

(4)工况四(断索工况):自重 + 环向预应力张拉 + 成桥恒载 + 单根拉索失效。

如图 3-63 所示,预应力张拉锚下应力按1395 MPa 控制,其中井字形布置钢束长度较短,均采用交错布置的单端张拉,而 U 形束长度较长且均存在曲线段,因此采用两端张拉。分别对比不同预应力布置形式下,张拉后预应力钢束有效应力沿程分布情况如图 3-64 所示。

a) 索塔锚固区节段模型   b) "井"字形直束布置   c) 横桥向开口U形束   d) 顺桥向开口U形束

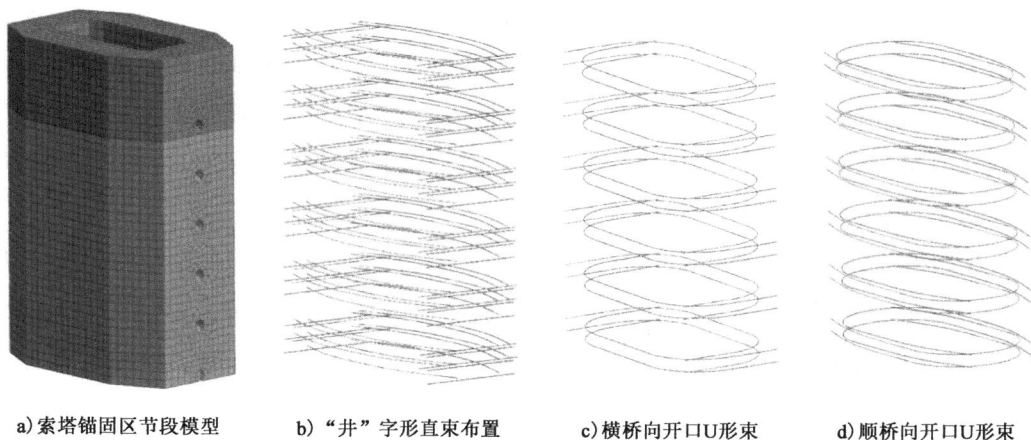

图 3-63 索塔锚固区节段与预应力钢束布置

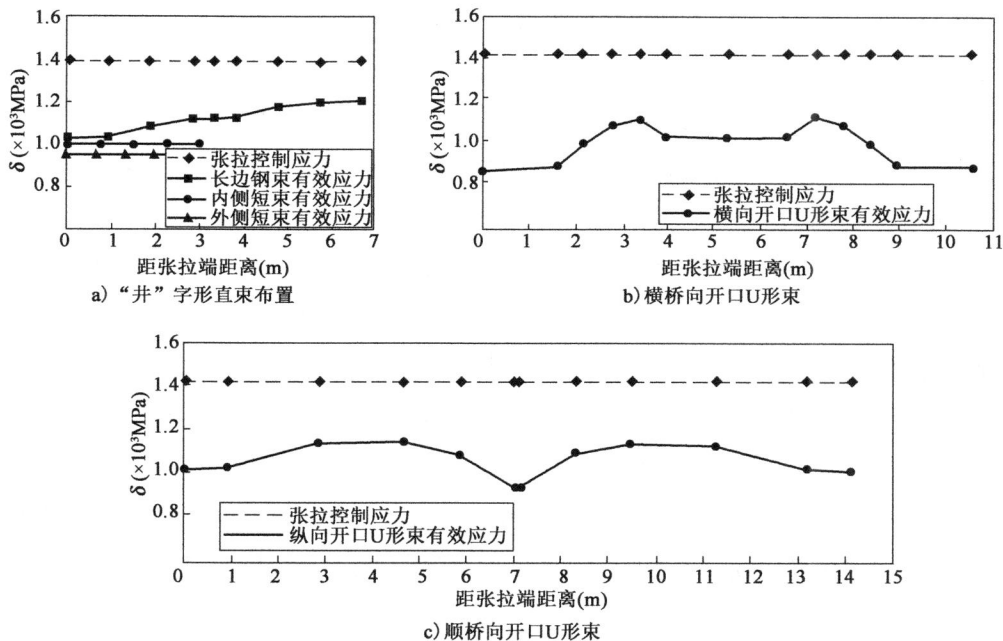

a) "井"字形直束布置   b) 横桥向开口U形束

c) 顺桥向开口U形束

图 3-64 预应力钢束有效应力沿程分布

根据图 3-64 结果可以看出,采用"井"字形直束布置时,预应力损失随着钢束长度的缩短而增加,对于本桥顺桥向长边钢束长度为 6.6 m,张拉端有效预应力为 1026.5 MPa,预应力损失 26.4%,因塔柱截面尺寸需要,长边钢束设有 $R = 6.0$ m 大直径圆弧,导致圆弧段有效预应力分布不均匀,在锚固端有效预应力为 1206.3 MPa,预应力损失 13.5%,定义钢束预应力不均匀系数 = 有效预应力最大值/有效预应力最小值,对于顺桥向长边钢束预应力不均匀系数为 1.18;对于横桥向短边外侧钢束长度为 3.0 m,张拉端有效预应力为 997.0 MPa、预应力损失为 28.5%,锚固端有效预应力为 1003.0 MPa、预应力损失为 28.1%,预应力不均匀系数为 1.01;对于横桥向短边内侧钢束长度为 2.6 m,张拉端有效预应力为 945.4 MPa、预应力损失达 32.2%,锚固端有效预应力为 950.7 MPa、预应力损失达 31.8%,预应力不均匀系数为 1.01。

采用横桥向开口 U 形束布置时,U 形预应力钢束长度 10.6 m,张拉端有效预应力 861.6 MPa、预应力损失 38.2%,U 形束中间直线段有效预应力 1010.8 MPa、预应力损失 27.5%,U 形束最大有效预应力 1129.7 MPa、预应力损失 19.0%,预应力不均匀系数为 1.31。

采用顺桥向开口 U 形束布置时,U 形预应力钢束长度 14.1 m,张拉端有效预应力 1002.3 MPa、预应力损失 28.2%,U 形束中间直线段有效预应力 931.1 MPa、预应力损失 33.3%,U 形束最大有效预应力 1192.4 MPa、预应力损失 14.5%,预应力不均匀系数为 1.28。

从上述对比可知,U 形束在张拉端附近存在较短直线段,在张拉端附近预应力损失较大,大部分区域有效预应力在 1000 MPa 以上,但是由于钢束弯曲半径较小,仅为 $R = 1.5$ m,且弯曲角度很大,达到 90°,导致有效预应力的不均匀系数较大。而"井"字形直线束布置时,不存在大角度的曲线段,有效预应力分布较均匀。但是对于短束,特别是钢束长度小于 3 m 时,有效预应力在 1000 MPa 以下,预应力损失严重。

值得注意的是,通过 U 形束有效预应力分布图(图 3-64)可以看到,在张拉端附近区域,U 形束有效预应力沿程分布规律为随着远离钢束张拉端而增大。这是因为小半径短束预应力的负摩阻效应引起的,在钢束张拉结束锚固回缩时会受到管道的负摩阻作用,从而回缩量产生的应力损失并不在钢束全长范围完成,回缩量沿着锚固点向中间逐渐减小,在锚固点处损失最大,在影响长度范围外不再发生回缩,此处有效预应力最大。对于索塔锚固区局部应力的结果对比,选取上端最大索力索孔中心处水平截面,以塔壁外缘及内缘为特征点查看应力分布情况,特征点具体分布如图 3-65 所示。

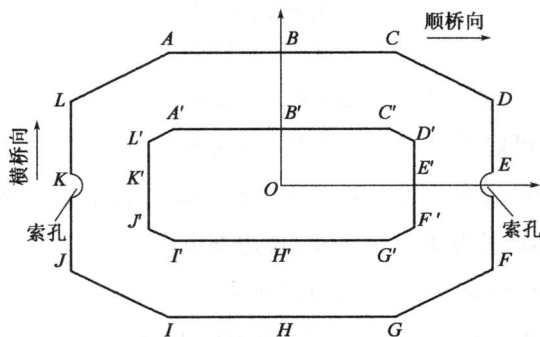

图 3-65　索孔中心平剖面特征点选取分布图

根据实体有限元分析结果,运营工况下各特征点第一主应力(主拉应力)及第三主应力(主压应力)分布情况如图3-66所示。

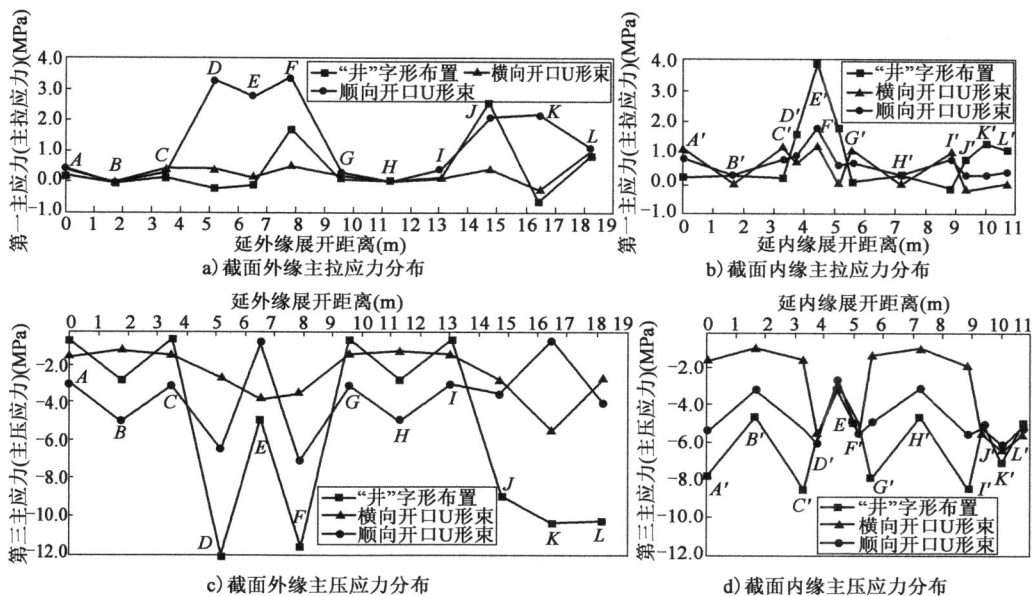

图3-66　各特征点主应力分布

从图3-66主应力分布图中可以看出,对于主拉应力分布,截面外缘顺桥向开口U形束布置时主拉应力分布不均,短边主拉应力明显较大,截面内缘井字形布置时主拉应力分布不均,也出现短边主拉应力偏大现象。对于主压应力分布,截面外缘"井"字形布置时主压应力分布不均,短边主压应力储备较大而长边主压应力储备较小,截面内缘横向开口U形束布置时主压应力分布不均,长边主压应力储备较小。

为直观对比不同配束形式下索塔锚固区内、外壁特征点应力分布均衡程度,可定义长、短边压应力储备比δ':

$$\delta' = \frac{\delta'_{长边} + \gamma f_{tk}}{\delta'_{短边} + \gamma f_{tk}} \qquad (3-35)$$

式中,$\delta'_{长边}$、$\delta'_{短边}$分别为长、短边开裂控制点预压应力储备;γ为受拉区混凝土塑性影响系数,可按《公路钢筋混凝土及预应力混凝土桥涵设计规范》(JTG 3362—2018)计算,此处不考虑塑性影响,简化取$\gamma = 1.0$;f_{tk}为锚固区混凝土抗拉强度标准值。

同样,定义索力对于长、短边产生的拉应力比$\delta = \delta_{长边}/\delta_{短边}$,式中$\delta_{长边}$、$\delta_{短边}$分别为索力对于长、短边产生的拉应力。从定义可知,长短边开裂均匀性可以通过δ'/δ衡量,当δ'/δ越接近于1,表明预应力钢束在长边、短边对斜拉索的拉应力抵抗越均衡。由此计算不同配束下长短边应力分布均衡性见表3-8。

不同配束形式下控制点应力对比（单位：MPa）　　　　　　　　　　表3-8

应力	配束形式	外缘长边	外缘短边	内缘长边	内缘短边	δ	δ'	δ'/δ
拉索拉应力	"井"字形	0.20	5.75	4.33	1.81	0.75	—	—
	横向开口U形	0.20	5.75	4.33	1.81	0.75	—	—
	顺向开口U形	0.20	5.75	4.33	1.81	0.75	—	—
预应力压应力	"井"字形	−2.36	−13.01	−12.41	−6.70	—	0.96	1.28
	横向开口U形	−0.99	−11.02	−5.04	−5.00	—	0.56	0.75
	顺向开口U形	−4.57	−7.75	−8.96	−6.37	—	1.12	1.49

由表3-8计算可知，索力产生的短边拉应力大于长边拉应力，短边最大拉应力控制点位于截面外缘，长边最大拉应力控制点位于截面内缘。"井"字形及横向开口U形束在短边产生的压应力储备比长边大，结果表明这两种配束下，预应力钢束在长边、短边对斜拉索的压应力抵抗是比较均衡的，其中"井"字形 $\delta'/\delta = 1.28$，表明长边抗裂安全度高于短边抗裂安全度；而横向开口U形束 $\delta'/\delta = 0.75$，表明短边抗裂安全度高于长边抗裂安全度。顺向开口U形束在长边产生的压应力储备比短边大，与索力产生拉应力趋势相反，计算结果 $\delta'/\delta = 1.49$，这表明顺向开口U形束长边、短边开裂安全度相差较大，索塔锚固区应力分布不均匀。

实体有限元分析表明，索塔锚固区因预应力钢束锚固及斜拉索锚垫板传力需要均存在局部应力集中现象，局部应力集中可以通过加强局部普通钢筋配筋的方式解决，如预应力锚固区设置螺旋筋加强，斜拉索锚固区设置锚下加强钢筋网等措施以避免局部受力裂缝的发生。图3-67分别对比三种布束下索塔锚固区主拉应力超过 $0.5f_{tk}$ 的分布范围。

从图3-67可知，"井"字形布置由于预应力根数较多，钢束锚固端较多，主拉应力超过 $0.5f_{tk}$ 的应力集中区域为3.7%；横向开口U形束布置采用预应力根数较少，且预应力锚固于尺寸较大的长边，能较好地避免应力集中，主拉应力超过 $0.5f_{tk}$ 的应力集中区域为2.0%；顺向开口U形束布置虽然预应力根数较少，但预应力锚固于尺寸较小的短边，且索力引起拉应力也在短边较大，导致短边存在较大的应力集中区域，主拉应力超过 $0.5f_{tk}$ 的应力集中区域为5.8%。

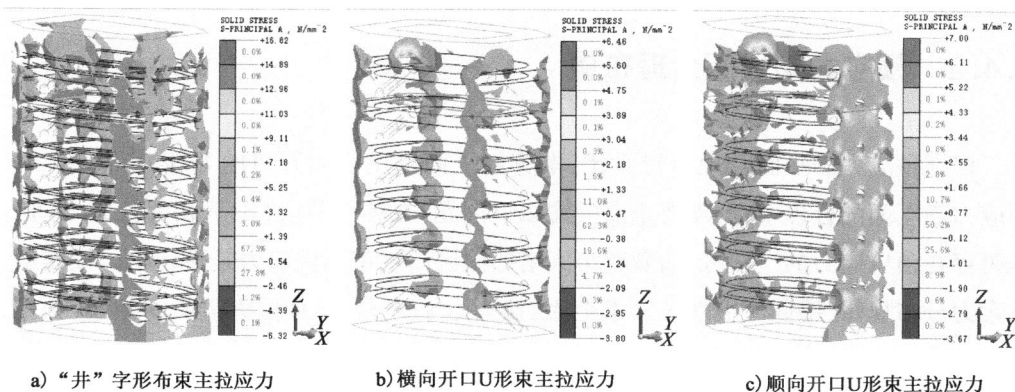

a)"井"字形布束主拉应力　　　b)横向开口U形束主拉应力　　　c)顺向开口U形束主拉应力

图 3-67　主拉应力 $\delta_{tp} > 0.5 f_{tk} = 1.37$ MPa 分布范围

根据上述分析,从钢束用量、施工张拉工作量、锚固区应力水平、长短边开裂均匀性等多个方面综合对比不同配束见表3-9。

不同配束形式下综合对比　　　　　　　　　　表3-9

配束形式	钢束规格	钢束用量（kg）	张拉次数	预应力损失	压应力储备（MPa）	开裂均匀性 δ'/δ	应力集中范围
"井"字形	$16\phi^s15.20$ $12\phi^s15.20$	1161.9	16	长束:26.4% 短束:32.2%	0.5	1.28	3.7%
横向开口 U 形	$16\phi^s15.20$	745.5	8	19.0% ~ 38.2%	0.8	0.75	2.0%
顺向开口 U 形	$16\phi^s15.20$	994.2	8	14.5% ~ 33.3%	0.4	1.49	5.8%

注:表中钢束用量和张拉次数为相邻两根拉索之间节段内数量。

从表3-9可知,U形束预应力损失相对不均匀,在张拉端损失较大,在曲线段损失较小;"井"字形直线束预应力损失均匀,但是对于 3 m 以下短束预应力损失严重,钢束各处损失均在30%以上。在索塔锚固区压应力储备相当的情况下,采用 U 形束布置相对于"井"字形直线束布置预应力钢束工程量较少,具有更好的经济性,同时张拉次数减少一半以上,节约锚具数量,同时减少了锚具与主筋的干扰次数和施工难度。从索塔锚固区应力分布来看,采用"井"字形及横向开口 U 形束长短边开裂安全系数相对均衡,且不会出现明显的局部应力集中现象。综合比选可知,对于本桥案例,U 形束布置更具有经济性、施工方便等优势,而 U 形束采用横向开口时锚固区应力分布更均衡,因此横向开口 U 形束布置是相对合理的布束方案。

3.4.2　预应力筋立面合理布置

根据预应力筋平面合理布置对比,本算例平面采用横向开口的 U 形束布置。对于预应力筋立面的合理布置,需要重点关注以下问题:在单个节段(上下相邻拉索之间)内是否存在预压应力的空白区;沿着整个索塔锚固区高度范围内应力是否均匀。按照斜拉桥索力分布规律,锚固区上端拉索索力大,拉索水平分力大,且拉索竖向间距小,预应力钢束立面布置空间受限,而锚固区下端索力及水平分力呈减小趋势,且拉索竖向间距逐渐变大,预应力钢束立面布置应根据应力分布相应调整。

为分析索塔锚固区高度范围内应力分布规律,同时减小边界条件影响以及考虑多对斜拉索索力对锚固区受力的叠加效应,有必要建立整个索塔锚固区三维有限元模型,如图 3-68 所示。

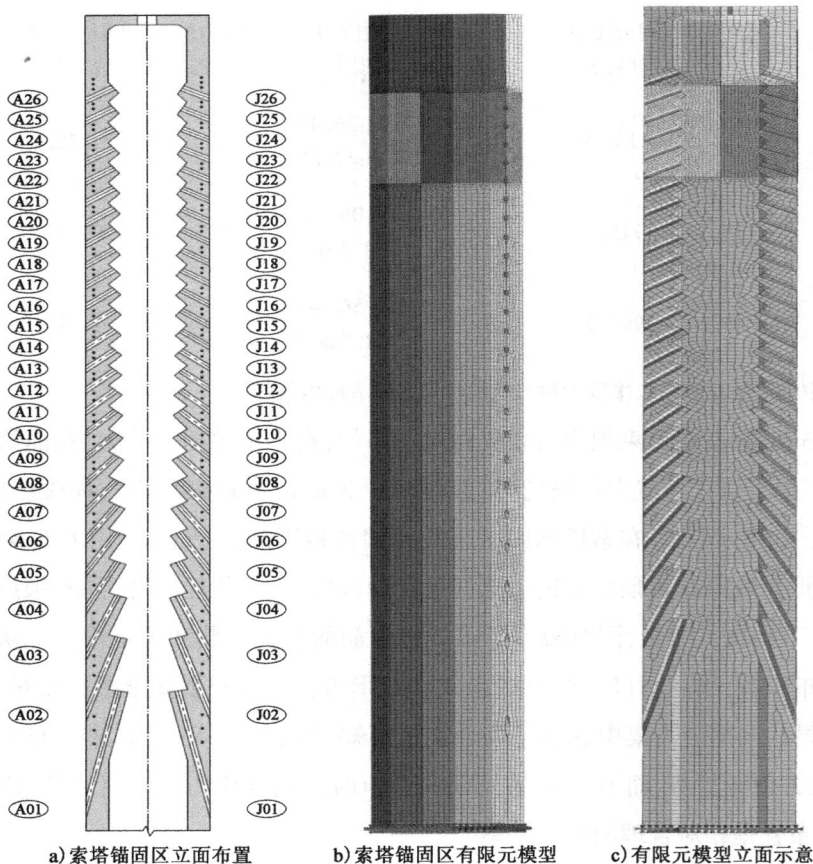

a)索塔锚固区立面布置　　　b)索塔锚固区有限元模型　　　c)有限元模型立面示意

图 3-68　索塔锚固区布置与有限元模型

根据索力分布规律,本算例首先选取索力最大区域,以最上端 N26 号斜拉索为基准高度,关注基准高度以上约 3 m、以下约 10 m 范围在运营索力作用下的应力分布情况。由平面布置分析结果可知,在索力作用下,索塔截面短边外缘受力最不利,截面长边内缘受力最不利。因此,短边选择外缘中点(E、K)为特征点,长边选择内缘中点(B'、H')为特征点,沿高度方向特征点位置应力分布如图 3-69 所示。

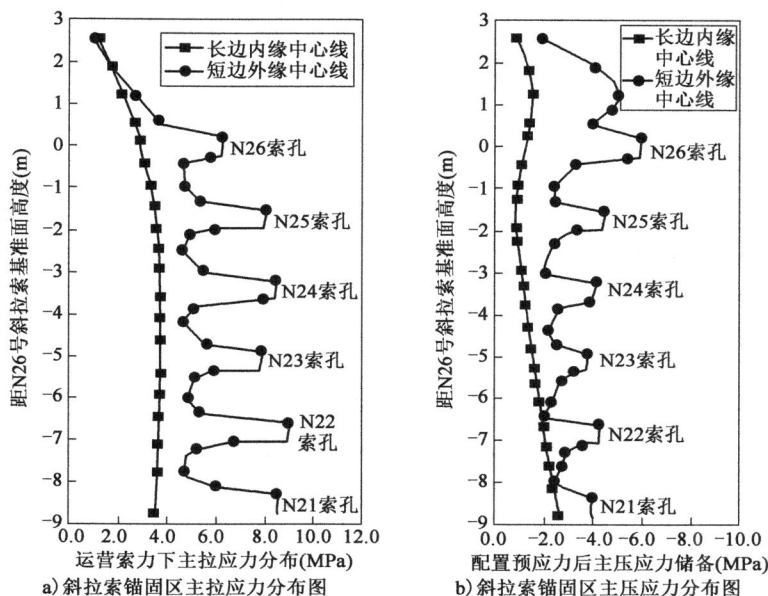

图 3-69　N21 号~N26 号斜拉索锚固区应力分布

为衡量沿高度方向应力分布的均匀性,引入两个参数,即高度方向应力变化系数 λ 和应力变化梯度 i:

$$\lambda = \delta/\delta_0 \tag{3-36}$$

$$i = \frac{1-0.2}{h(\lambda=1)-h'(\lambda=0.2)} \tag{3-37}$$

式中,δ_0 为基准节段基准高度上特征点应力值;δ 为节段内任意高度上特征点应力值;$h(\lambda=1)$ 为对应应力变化系数 $\lambda=1$ 处的特征点高度;$h'(\lambda=0.2)$ 为对应应力变化系数 $\lambda=0.2$ 处的特征点高度。

在运营工况下,不考虑预应力作用时,索塔锚固区索力最大区域主拉应力沿高度分布情况如图 3-69a)所示。对于横桥向短边,各节段内应力分布规律基本一致:由于索导管开孔削弱及有限元网格划分精度影响,在索孔上下端有明显的应力集中现象,设计过程中可考虑局部加强配筋。受索孔应力集中影响,短边控制点拉应力为 4.59~9.40 MPa,节段内应力变化系数 $\lambda=0.49$,应力变化梯度 $i=0.80$ 较大。如不考虑索孔应力集中影响,在节段中间远离索孔区域应力分布相对均匀,节段内应力变化系数 $\lambda = 0.80$,应力变化梯度 $i = 0.36$ 较小。对于顺桥向长边,沿高度方向应力分布比较均匀,在最上端 N26 号斜拉索附近变化稍大,该范围应力变化系数 $\lambda = 0.86$,应力变化梯度 $i = 0.23$。随着高度向下,应力分布区域均匀并有变小趋势。

根据运营索力作用下,上端索塔锚固区拉应力大小及分布规律,以最上端斜拉索为基准节段,考虑环向预应力锚固间距要求,按竖向间距 0.36 m 布置预应力钢束,考虑避免索孔干扰后,上塔柱单个节段 1.5 m 范围内配置 2 对 16φ^{s}15.20 mm 预应力 U 形束来平衡一对斜拉索的索力。

配置环向预应力钢束后,基准节段范围应力分布如图 3-69b) 所示,对于横桥向短边,索孔附近依然存在应力集中现象,短边控制点压应力储备为 –2.06 ～ –4.18 MPa,节段内应力变化系数 $\lambda = 0.49$,应力变化梯度 $i = 1.05$ 较大。对于顺桥向长边,应力叠加较均匀,长边控制点压应力储备为 –0.81 ～ –2.67 MPa,单个节段内应力变化系数 $\lambda = 0.65$,应力变化梯度 $i = 0.17$。

由上述计算结果,索力较大且索距较密的锚固区上端区域,竖向按 0.36 m 布置预应力是合理的,此时锚固区长短边均具备一定的压应力储备,且应力分布较为均匀,没有出现预应力空白区。同样,按照压应力储备均匀为原则,沿锚固区高度向下逐渐增大 U 形束竖向间距布置环向预应力,最下端预应力钢束竖向间距由 0.36 m 逐渐增加到 1.0 m。考虑环向预应力张拉工况、成桥状态工况、运营状态工况、断索工况等多个工况下,索塔锚固区水平方向正应力分布如图 3-70、图 3-71 所示。

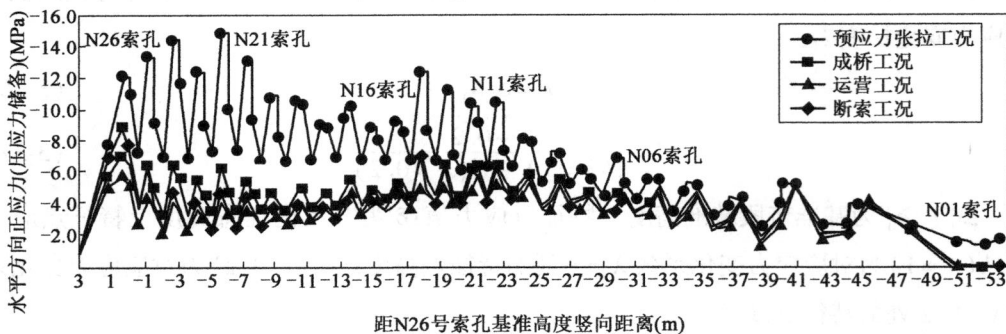

图 3-70 各工况下短边控制点压应力储备沿高度分布

由图 3-70、图 3-71 结果,根据索力上下分布规律,按照压应力储备均匀为原则,沿锚固区高度向下逐渐增大 U 形束竖向间距布置环向预应力后,施工过程中在环向预应力张拉工况,索塔锚固区上部(N11 ～ N26 斜拉索)范围内,水平方向压应力储备较大,对于短边压应力储备因索孔引起应力集中变化较大,在 –7 ～ –15 MPa 之间,对于长边压应力储备较均匀,在 -4.5 MPa 左右。在索塔锚固区下部(N01～N10 斜拉索)范围内,预应力张拉结束后压应力储备随高度降低而减少,短边压应力储备在 -2.0～ -8.0 MPa 之间,长边压应力储备在 -2.0～ -4.5 MPa 之间。

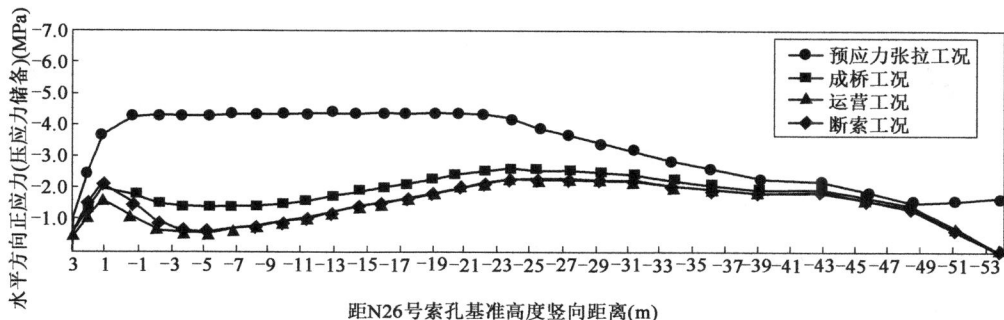

图 3-71　各工况下长边控制点压应力储备沿高度分布

施工阶段结束后,成桥工况、运营工况以及断索工况下,索塔锚固区长短边特征点均处于受压状态,未出现预应力空白区,且压应力分布较为均匀,对于短边在各工况下水平方向压应力储备均在 -1.5 ～ -6.0 MPa 之间,对于长边在各工况下压应力储备在 -0.8 ～ -2.5 MPa 之间,压应力储备沿高度方向分布较为合理。

除了关注索塔锚固区压应力储备分布情况,尚应关注沿高度方向主压应力分布,避免为了获得压应力储备而配束过多引起压应力的超限。各工况下,索塔锚固区长短边主压应力分布如图 3-72、图 3-73 所示,施工过程中在环向预应力张拉工况,短边特征点主压应力最大为 -15.0 MPa,长边特征点主压应力最大为 -4.2 MPa,沿随着高度降低有减小趋势。施工阶段结束后,成桥工况、运营工况以及断索工况下,随着索力竖向分力的叠加,索塔锚固区主压应力沿随着高度降低有明显增大趋势。短边特征点主压应力最大为 -17.8 MPa,长边特征点主压应力最大为 -13.1 MPa,均小于规范允许限值 $0.6f_{ck}=0.6\times35.5=21.3$ MPa,环向预应力配置数量合理。

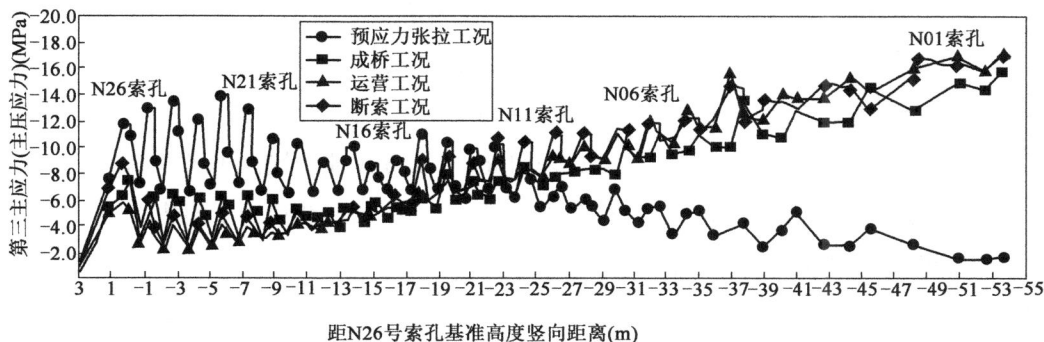

图 3-72　各工况下短边控制点主压应力沿高度分布

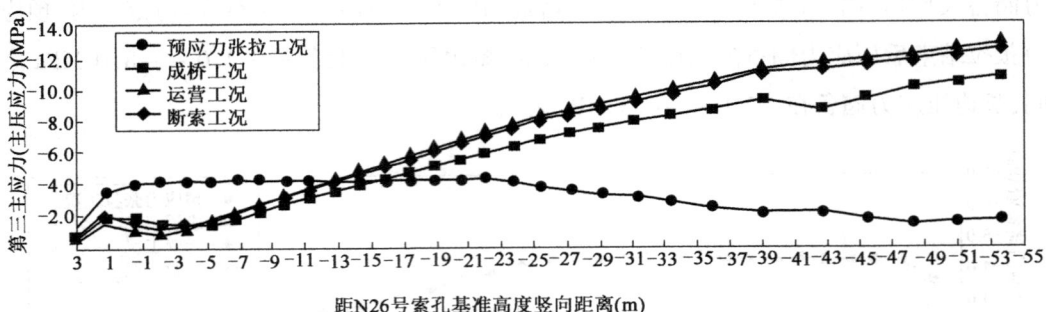

图 3-73 各工况下长边控制点主压应力沿高度分布

从上述分析可知,对于索塔锚固区高度方向预应力钢束合理布置,可以根据受力较大的上端为控制截面确定环向预应力钢束型号以及间距,随后根据索力作用下锚固区拉应力的分布规律,向下逐步增大钢束竖向间距,最终确定沿高度方向锚固区主压应力分布合理,压应力储备分布均匀的预应力竖向布置形式。

3.4.3 混合配束方式的优化

从上文预应力钢筋平面合理布置对比可知,对于"井"字形、横向开口 U 形束、纵向开口 U 形束三种布置形式,横向开口 U 形束具有经济性、施工方便等优势,并且锚固区应力分布更均衡。然而,对于本算例,桥塔因考虑景观需求采用大倒角截面,预应力钢束锚固位置设置及索塔锚固区应力分布均较复杂,因此尚有必要考虑混合配束的方式,对比不同类型预应力钢束混合配束下索塔锚固区应力分布情况,选取最优的预应力配束方式。

根据索塔锚固区截面特点,考虑预应力钢束锚固空间要求,可选择的钢束类型有以下五种:

预应力钢束①:横桥向短边直束,锚固于塔柱倒角。

预应力钢束②:顺桥向长边束,采用 $R = 6$ m 圆曲线锚固于短边。

预应力钢束③:横桥向短边束,采用 $R = 1.5$ m 圆曲线锚固于长边。

预应力钢束④:横桥向开口 U 形束,采用 $R = 1.5$ m 圆曲线锚固于塔柱倒角。

预应力钢束⑤:顺桥向开口 U 形束,采用 $R = 1.5$ m 圆曲线锚固于短边。

根据以上五种预应力筋对索塔锚固区应力分布的规律,通过相互组合,形成如图 3-74 所示的五类配束方式:

方式一:钢束① + ②,为传统"井"字形布置方式,与其他配束方式作对比。

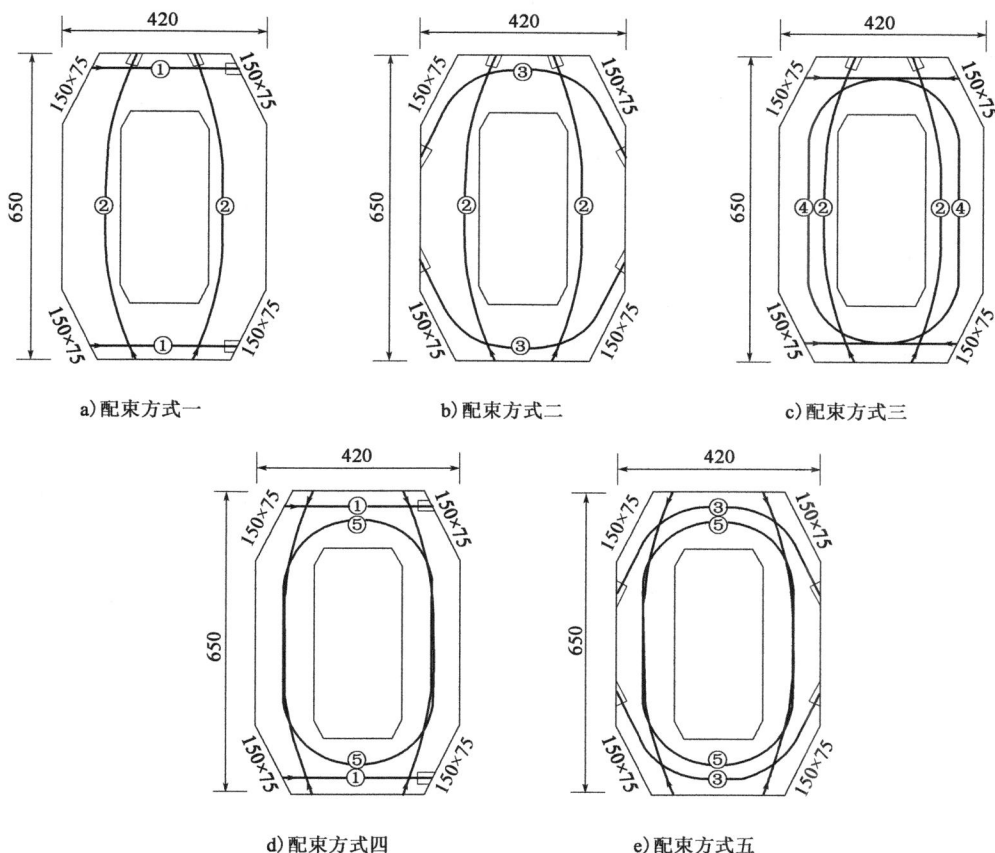

图 3-74　五种预应力钢束布置方式(尺寸单位:cm)

方式二:钢束②+③,调整短直束锚固位置,采用 $R = 1.5$ m 圆曲线将短边钢束锚固于长边。

方式三:钢束②+④,横桥向开口 U 形束,增加顺桥向长边束混合配束。

方式四:钢束①+⑤,顺桥向开口 U 形束,增加横桥向短边直束混合配束。

方式五:钢束③+⑤:顺桥向开口 U 形束,增加横桥向短边束混合配束。

在斜拉桥运营期间,正常使用状态下索塔锚固区按全预应力构件设计,锚固区应力按零应力控制,即:

$$\delta_{\mathrm{st1}} - 0.8\delta_{\mathrm{pc}} \leqslant 0 \qquad (3\text{-}38)$$

为了保证索塔锚固区有较好的结构抗裂性和结构安全度,同时考虑 1.3~1.5 倍斜拉索索力下锚固区抗裂性能,此时锚固区可按 A 类预应力构件设计,即:

$$\delta_{\mathrm{st2}} - \delta_{\mathrm{pc}} \leqslant 0.7 f_{\mathrm{tk}} \qquad (3\text{-}39)$$

式中,δ_{st1} 为正常使用状态斜拉索索力产生的混凝土拉应力;δ_{st2} 为 1.3~1.5 倍正常

使用状态斜拉索索力产生的混凝土拉应力;δ_{pc}为预应力钢束参数混凝土压应力;f_{tk}为索塔锚固区混凝土抗拉强度标准值。

本算例中,正常使用状态下斜拉索最大索力为7190 kN,取1.5倍正常使用状态索力10785 kN 作为模型抗裂验算荷载分别计算斜拉索索力作用下混凝土拉应力δ_{st1}和δ_{st2}。

在实体有限元模型分析中,节点数量达数万个,根据索塔锚固区在最大索力下受力特点选取最不利截面上的几个最不利位置作为应力控制点。

从图3-75索塔锚固区正应力分布图中可知,运营索力作用下,索塔短边直接承受斜拉索索力的弯剪作用,短边外侧索导管处横桥向正应力δ_y为控制应力,该处为控制点 A(运营索力下 $\delta_y = 6.39$ MPa)。索塔长边受力为拉弯构件,长边内侧中点位置顺桥向正应力δ_x为控制应力,该处为控制点 B(运营索力下 $\delta_x = 3.35$ MPa)。索塔长、短边交界处为长边与短边变形协调、应力传递区域,内侧倒角交接处顺桥向正应力δ_x为控制应力,该处为控制点 C(运营索力下 $\delta_x = 3.95$ MPa)。此外,考虑到短边预应力作用下长边外侧会出现拉应力,选择长边外侧中点位置顺桥向正应力δ_x为控制点 D(运营索力下 $\delta_x = -0.21$ MPa)。因此,选择上述四个应力控制点对混合配束预应力数量进行确定。根据有限元计算结果,分别得到在正常使用索力作用下和超载索力作用下各控制点应力,见表3-10。

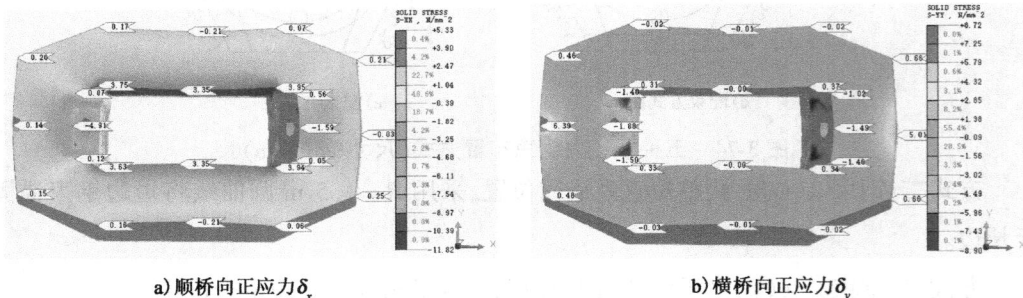

a) 顺桥向正应力δ_x b) 横桥向正应力δ_y

图3-75　运营索力作用下锚固区最不利截面变形及正应力分布图

斜拉索索力作用下各控制点应力 $\delta'_{st}/\delta''_{st}$　表3-10

索力 (kN)	荷载应力	控制点 A 短边 外侧 δ_y(MPa)	控制点 B 长边 内侧 δ_x(MPa)	控制点 C 倒角 交接处 δ_x(MPa)	控制点 D 长边 外侧 δ_x(MPa)
1.0×7190	δ'_{st}	+6.388	+3.354	+3.946	−0.212
1.5×7190	δ''_{st}	+9.582	+5.031	+5.919	−0.318

注:拉应力为正,压应力为负。

同时,得到五种不同类型预应力钢束对各个控制点的应力影响系数 $\delta_{pc,j}$ 见表3-11,表中为同一平面对称布置两束钢束下控制点应力结果。

五种预应力布束下各控制点应力影响系数 $\delta_{pc,j}$（单位：MPa）　　表 3-11

钢束类型	钢束作用应力	控制点 A 短边外侧 δ_y	控制点 B 长边内侧 δ_x	控制点 C 倒角交接处 δ_x	控制点 D 长边外侧 δ_x
钢束①	δ_{pc1}	-2.885	-0.312	-0.375	$+0.336$
钢束②	δ_{pc2}	$+0.016$	-1.347	-2.212	-0.714
钢束③	δ_{pc3}	-2.361	-0.833	-0.674	$+0.913$
钢束④	δ_{po4}	-4.215	-1.545	-1.733	-0.283
钢束⑤	δ_{pc5}	-1.236	-2.379	-3.151	-1.698

注：拉应力为正，压应力为负。

根据索塔锚固区设计要求，设第 j 种预应力钢束数量为 x_j，钢束数量应满足索塔锚固区应力在预应力张拉工况、运营期间全预应力、超载下 A 类预应力三种工况下各个应力控制点满足受力要求，即：

预应力张拉工况：

$$\sum_{j=1}^{m} \delta_{pc,j} \cdot x_j \leqslant 0 \tag{3-40}$$

运营期间全预应力工况：

$$\sum_{j=1}^{m} 0.8\delta_{pc,j} \cdot x_j + \delta'_{st} \leqslant 0 \tag{3-41}$$

超载下 A 类预应力工况：

$$\sum_{j=1}^{m} \delta_{pc,j} \cdot x_j + \delta''_{st} \leqslant 0.7f_{tk} \tag{3-42}$$

式中，$j = 1、2、\cdots m$，m 为每种布束类型中钢束种类数，本算例中 $m=2$；$\delta_{pc,j}$ 为不同类型预应力钢束对各个控制点的应力影响系数；x_j 为第 j 种预应力钢束数量；δ'_{st}、δ''_{st} 分别为正常使用索力作用下和超载索力作用下各控制点应力；f_{tk} 为索塔锚固区混凝土抗拉强度标准值，本算例 C55 混凝土 $f_{tk} = 2.74$ MPa。

按上述三个控制方程分别求解满足各控制点应力的各个类型钢束数量，为简化计算工作量，将三个控制方程移项整理可得：

预应力张拉工况：

$$\sum_{j=1}^{m} \delta_{pc,j} \cdot x_j \leqslant 0 \tag{3-43}$$

运营期间全预应力工况：

$$\sum_{j=1}^{m} \delta_{pc,j} \cdot x_j \leqslant -\delta'_{st}/0.8 \tag{3-44}$$

超载下 A 类预应力工况：

$$\sum_{j=1}^{m} \delta_{\mathrm{pc},j} \cdot x_j \leqslant 0.7 f_{\mathrm{tk}} - \delta_{\mathrm{st}}'' \tag{3-45}$$

对比可知,不等式仅右边不同,将各控制点不同索力下 δ_{st}'、δ_{st}'' 带入上式,可得到各控制点的控制工况。经计算可知,对于控制点 A、B、C 控制工况为式(3-10),即运营期间全预应力工况控制,对于控制点 D 控制工况为式(3-9),即预应力张拉工况控制。由此,分别计算五类配束方式下各种类型钢束所需数量,以配束方式方式三钢束②+④为例,控制点 A、B、C 代入式(3-10),控制点 D 代入式(3-9)计算过程如下:

控制点 A:

$$0.016x_2 - 4.215x_4 \leqslant -6.388/0.8$$

控制点 B:

$$-1.347x_2 - 1.545x_4 \leqslant -3.354/0.8$$

控制点 C:

$$-2.212x_2 - 1.733x_4 \leqslant -3.946/0.8$$

控制点 D:

$$-0.714x_2 - 0.283x_4 \leqslant 0$$

联立求解上述不等式,可得 $x_2 = 0.94$,$x_4 = 1.89$。由于预应力筋数量必须为整数,将 x_j 取整后再代入控制方程验算,保证预应力筋数量取整后各控制点均满足要求。对于方式三钢束②+④,取 $x_2 = 1$,$x_4 = 2$,代入各控制点可得各点应力储备,同时,由于研究线弹性问题,可以得到单位索力产生的拉应力,从而反算各控制点在运营期间出现拉应力以及超载工况下拉应力达到 $0.7 f_{\mathrm{tk}}$ 时对应的开裂索力见表3-12。

索塔锚固区各控制点运营工况及超载工况下安全系数 表3-12

工况	控制点 A 短边外侧 δ_y	控制点 B 长边内侧 δ_x	控制点 C 倒角处 δ_x	控制点 D 长边外侧 δ_x	限值
预应力张拉(MPa)	−8.41	−4.44	−5.68	−1.28	0
运营索力下(MPa)	−0.34	−0.20	−0.60	−1.24	0
超载索力下(MPa)	+1.17	+0.59	+0.24	−1.60	1.918
单位索力产生拉应力 (MPa/kN)	8.885×10^{-4}	4.665×10^{-4}	5.488×10^{-4}	—	—
运营允许索力(kN)	7576	7608	8277	—	—
运营安全系数	1.05	1.06	1.15	—	—
超载允许索力(kN)	11629	13622	13841	—	—
开裂安全系数	1.08	1.26	1.28	—	—

从表3-12计算结果可知,将计算取整后的预应力钢束数量代入控制方程得到各个工况下各控制点的应力情况,均满足相应的限值要求。控制点 A、B、C 控制工况为运营期间全预应力工况,各点安全储备相对均匀,最小安全系数为1.05。控制点 D 受预应力张拉工况控制,不计算其运营及超载工况下安全系数。同理,求解其他四种配束下每对斜拉索之间节段预应力筋用量见表3-13。

五种预应力配束下预应力钢束数量对比 表3-13

配束方式	预应力类型(对数)					总根数	张拉次数	总长度(m)
	①	②	③	④	⑤			
方式一	4	3	—	—	—	14	14	63.96
方式二	—	5	4	—	—	18	18	111.66
方式三	—	1	—	2	—	6	10	54.81
方式四	2	—	—	—	—	8	8	67.61
方式五	—	—	3	—	2	10	14	89.41

同时,对比五种配束方式下锚固区受力性能见表3-14。

五种预应力配束下锚固区受力性能对比 表3-14

配束方式	控制点 A 短边外侧 δ_y(MPa)	控制点 B 长边内侧 δ_x(MPa)	控制点 C 倒角处 δ_x(MPa)	控制点 D 长边外侧 δ_x(MPa)	限值
方式一	−2.81	−0.88	−2.56	−0.85	0
方式二	−1.10	−4.70	−7.06	−0.15	0
方式三	−0.34	−0.20	−0.60	−1.24	0
方式四	−0.21	−0.95	−1.70	−2.39	0
方式五	−1.25	−2.45	−2.71	−0.74	0

注:拉应力为正,压应力为负。

从表3-14对比可知,由于钢束③锚固于索塔长边端部,在长边产生较大拉应力,从而导致配束方式二(②+③)和配束方式五(③+⑤)应力分布不均匀,各控制点应力储备差异较大,钢束总数量偏大,经济性较差。配束方式一(①+②)为传统"井"字形配束,配束方式三(②+④)为横向开口U形束+长边束混合配束,配束方式四(①+⑤)为纵向开口U形束+短边直束混合配束,三种配束方式相比,配束方式三(②+④)各控制点应力储备最均匀,并且钢束总长度最短,经济性最好,并且所需钢束总根数最少,施工张拉次数最少,具有施工方便的优点。综合上述对比,配束方式三(②+④)为本算例最优混合配束方式,即上下拉索之间节段范围内布置两对16Φ^s15.20横向开口U形束和一对16Φ^s15.20长边束。

3.4.4　斜拉索锚固区域局部承压及抗裂验算

为了防止小半径预应力钢束径向力引起塔柱混凝土劈裂,同时兼顾管道的定位安装,在管道径向需布设防崩钢筋。

通过上文研究,在索塔锚固区配置合理的预应力钢束来克服斜拉索索力对索塔长短边产生的拉应力是可靠的措施。斜拉索索力作用下,索塔锚固区锚块直接承担索力作用,其局部承压承载力也是设计中需要关注的要点。

锚固区局部承压裂缝可能出现在两个区域:一是在截面中央的所谓"爆裂区"(bursting zone),其最大拉应力在荷载作用线上,并距锚下承压面有一定的距离;另一区域叫"剥落区"(spalling zone),区内有高拉应力,但只出现在边角部位。锚块在斜拉索索力作用下正应力以及主应力等值线如图 3-76 所示,从主拉应力等值线图中可以看到,爆裂区拉应力是由集中力的横向扩展造成的,发生在承压面后方一段距离范围,剥落区的拉应力产生于承压面附近与其变形不协调的周围区域。

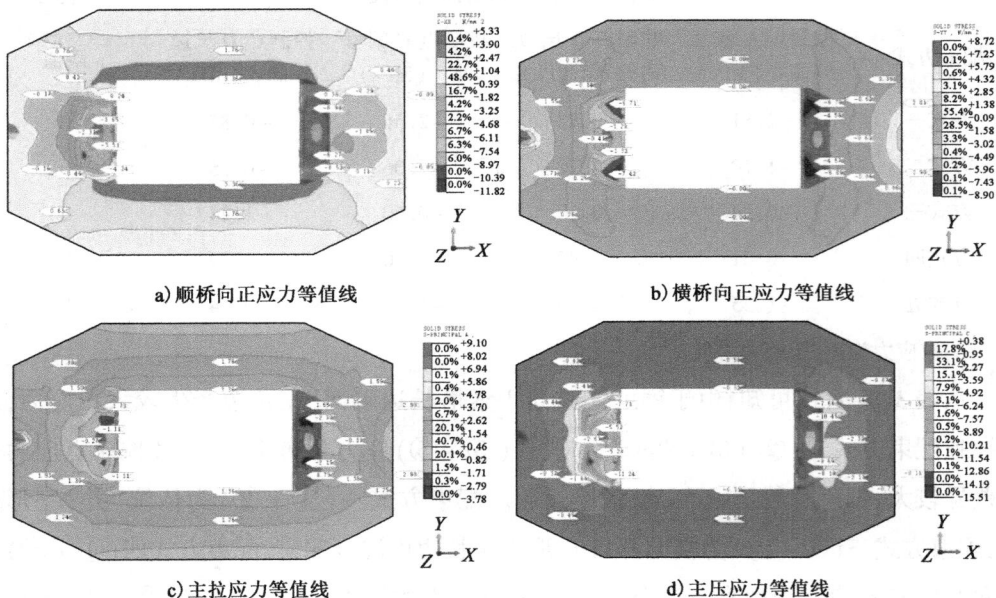

图 3-76　斜拉索索力作用下锚固区应力等值线(单位:MPa)

首先,根据《公路混凝土及预应力混凝土桥涵设计规范》(JTG 3362—2018),验算锚块局部承压承载力,对于局部受压区的截面尺寸应满足下列要求:

$$\gamma_0 F_{\text{ld}} \leq 1.3 \eta_s \beta f_{\text{cd}} A_{\text{ln}} = 1.3 \times 0.96 \times \sqrt{\frac{1.636}{0.503}} \times 24.4 \times 0.3757 \times 10^3 = 20632.5 (\text{kN})$$

按最大设计索力计算,

$\gamma_0 F_{\text{ld}} = 1.1 \times 1.2 \times 7190 = 9490.8 (\text{kN})$,截面验算满足要求。

对于局部抗压承载力验算如下:

$$\gamma_0 F_{\text{ld}} \leq 0.9 (\eta_s \beta f_{\text{cd}} + k\rho_v \beta_{\text{cor}} f_{\text{sd}}) A_{\text{ln}} = 0.9 \times \left(0.96 \times \sqrt{\frac{1.636}{0.503}} \times 24.4 + \right.$$

$$\left. 1.95 \times 0.0234 \times \sqrt{\frac{0.332}{0.503}} \times 330 \right) \times 0.3757 \times 10^3 = 17248.5 (\text{kN})$$

按最大设计索力计算,$\gamma_0 F_{\text{ld}} = 1.1 \times 1.2 \times 7190 = 9490.8 (\text{kN})$,局部承压承载力满足要求。参考规范后张预应力混凝土锚固区计算公式,对斜拉索锚块局部受拉部位验算如下:

锚下劈裂力设计值:$T_{\text{b,d}} = 0.25 P_{\text{d}} \left(1 - \dfrac{a}{2d} \right) = 435.0 (\text{kN})$

锚块端面的拉力设计值:$T_{\text{s,d}} = 0.04 P_{\text{d}} = 345.1 (\text{kN})$

锚后牵拉力设计值:$T_{\text{tb,d}} = 0.2 P_{\text{d}} = 1725.6 (\text{kN})$

边缘局部弯曲引起的拉力设计值:$T_{\text{et,d}} = \dfrac{(2e-d)^2}{12e(e+d)} P_{\text{d}} = 1648.8 (\text{kN})$

根据上述四个区域拉力效应的设计值 T_{d},再按公式 $A_s \geq \gamma_0 T_{\text{d}}/f_{\text{sd}}$ 计算配筋量,验算锚块局部配筋见表3-15。

索塔锚固区锚块受拉区抗裂配筋验算

表3-15

验算项目	锚下劈裂效应拉力 $T_{\text{b,d}}$	锚块端面根部拉力 $T_{\text{s,d}}$	锚后牵拉效应拉力 $T_{\text{tb,d}}$	局部弯曲效应拉力 $T_{\text{et,d}}$
拉力设计值(kN)	435.0	345.1	1725.6	1648.8
钢筋强度(MPa)	330	330	330	330
计算配筋量(mm^2)	1450.0	1150.3	5752.0	5496.0
配筋方案	48Φ20	6Φ20	11Φ32	22Φ32
实际配筋量(mm^2)	15081.6	1885.2	8846.2	17692.4
验算结果	满足	满足	满足	满足

索塔锚固区锚块直接承担斜拉索索力作用,锚下局部承压以及锚块区域受拉部位抗裂验算值得关注。根据上述验算结果可知,对于本算例,在合理的截面尺寸和配筋下,锚块局部承压截面尺寸以及承载能力均满足规范要求,锚块区域受拉部位抗裂验算也满足规范要求。

3.5 本章小结

(1)本章阐释了经典接触力学对部分平面和空间接触问题的研究理论,包括弹性半空间线荷载接触理论和赫兹接触理论,总结了弯曲孔道预应力钢束与孔壁混凝土接触问题的特点,讨论了本问题的处理方法,提出将其简化为两个平面接触问题,即孔道横截面内的接触和孔道中心线所在平面的接触。

(2)在孔道横截面内建立了圆柱体与圆柱凹面的二维接触模型,采用赫兹理论对钢绞线与孔壁的接触进行了应力分析,指出纯弹性条件下的计算结果偏大,并不符合接触区混凝土的力学行为。在此基础上提出了基于垫层假设的赫兹接触应力计算方法,实例分析的结果表明该方法简明适用。

(3)分析指出孔道中心线所在平面的接触不适用赫兹接触理论的条件。采用弹性半空间线荷载理论推导出了切向无摩擦、法向压力均布假设下的应力及表面位移公式,通过实例绘制了法向位移图,发现接触边界的位移计算值与实际并不吻合,表明均布压力假设存在疑点,在第4章将通过实验予以验证。

(4)提出了可能的三种非均布假设,包括余弦、二次抛物线及椭圆,并分别导出了相应的分布函数。

(5)在充分讨论各种实验应力分析方法的基础上,本章首创了一种运用CT技术的模型试验方法:先制作聚氨酯试验模型、设计加载装置以实现接触模拟,据此思路,设计并成功实施了12个试验工况。

(6)利用CT扫描、界面分析得到各个工况的接触区位移值,为有限元数值分析提供了数据。

(7)建立了模拟试验所用试件的ANSYS有限元模型,分析了转角、曲率半径、索拉力、摩擦等因素对法向应力的影响,以及接触压力在不同转角设计时的分布规律。

(8)对比不同预应力布置形式对索塔应力的影响,并根据索塔压应力储备、材料工程量、施工工作量等因素综合对比,确定出合理的预应力布置形式。

第 4 章

小半径弯曲孔道室内模型穿束观测试验

4.1 试验概况

　　室内小半径弯曲孔道模型模拟忠建河特大桥实桥索塔孔道设计,试验的目的是研究小半径弯曲钢束长度不均匀的影响因素,一是考虑通过透明管道试验来观测小半径预应力钢束穿束前后的行为特征及初始状态钢束的长度不均匀分布特征;二是研究不同类别管径条件下、穿束方式对钢束初始长度分布的离散性影响。

　　忠建河特大桥是湖北省恩来高速公路、恩黔高速公路控制性工程之一,位于宣恩县晓关侗族乡倒洞塘村,由中交第二航务工程局有限公司承建。大桥为双塔索面钢桁加劲梁斜拉桥,桥长 1063 m,主跨 400 m,主塔塔柱形式为宝石形,高度 245 m,锚固区采用 U 形环向预应力。该桥预应力钢束布置如图 4-1、图 4-2 所示。

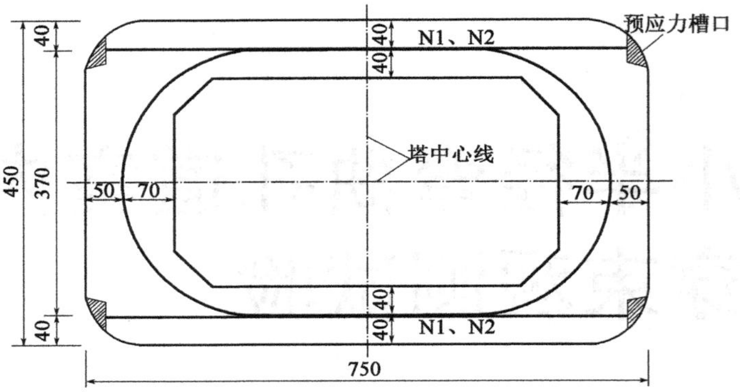

图 4-1　预应力钢束平面布置图(尺寸单位:cm)

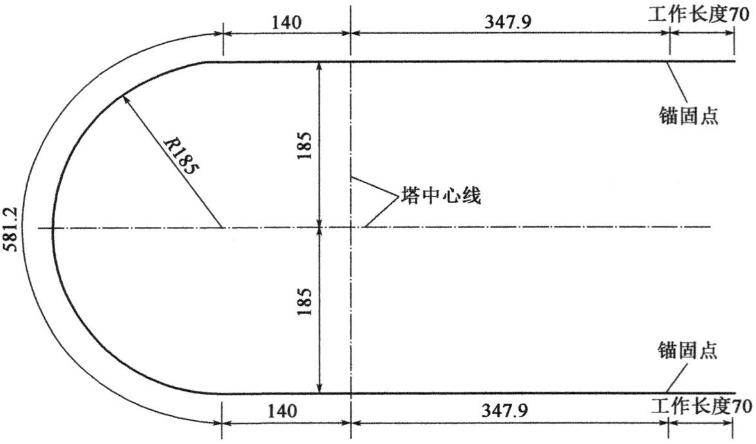

图 4-2　N1、N2 钢束平面大样图(尺寸单位:cm)

4.2 小半径弯曲钢束室内孔道模型试验设计

模型采用忠建河特大桥小半径预应力管道线形,按照 1:1 设计,面板外围尺寸 7.5 m ×
4.5 m。试验模型钢结构台座(图 4-3)由型钢桌架、木板桌面外包不锈钢面板拼装而成。

图 4-3 忠建河特大桥小半径预应力钢束试验模型台座制作

预应力钢束采用 N1(19Φ^{s}15.20)的钢绞线束,基本参数见表 4-1。

忠建河大桥索塔小半径预应力钢束基本参数 表 4-1

| 编号 | 钢绞线 | | | 波纹管 | | 锚具规格 |
	规格	设计长(cm)	下料长(cm)	内径(mm)	单根长(cm)	
N1	19Φ^{s}15.20	1557.0	1697.0	100	1507	M15-19

钢束线型以忠建河特大桥小半径预应力 N1、N2 钢束大样图(图 4-2)为标准控制。
采用凸型钢卡限位、螺钉固定,保持管道线型精确符合设计。通过钢支架支撑锚固端端
喇叭口与锚具(图 4-4),确保穿束试验能顺利实施。

图 4-4 忠建河特大桥小半径预应力钢束孔道模型锚固端

4.3 穿束过程钢绞线行为的透明孔道试验观测

4.3.1 多种方式穿束试验

4.3.1.1 整体穿束

多次试验证明该方法较适用于根数较少的钢绞线束(如 5φ^{s}15.20 钢绞线束)。在室内模型上,根数过多的钢绞线束(如 10φ^{s}15.20 钢绞线束)编束后依靠 5 名人工力量仍难以穿束,需要机械提供牵引力,平弯处穿束困难,容易损坏孔道预埋的塑料波纹管。因此,尽管整体穿束方法使穿束后的钢绞线束排列紧密,并有助于减轻钢绞线间的相互缠绕,但是在侧限不足的室内模型上实际操作19φ^{s}15.20 难以采用人工方式实现整束钢绞线的穿束和小半径平弯。

4.3.1.2 逐根穿束

针对根数较多的小半径预应力钢绞线束,采用逐根穿束(图 4-5),即采用人工的方法将钢绞线逐根穿入管道。随着穿入根数的增加,阻力不断增大,穿最后几根钢束时较为费力。采用单根钢绞线头部套上子弹头以减小摩阻。总的来说,逐根穿束比整体穿束要容易,但钢绞线有绞捻现象出现。

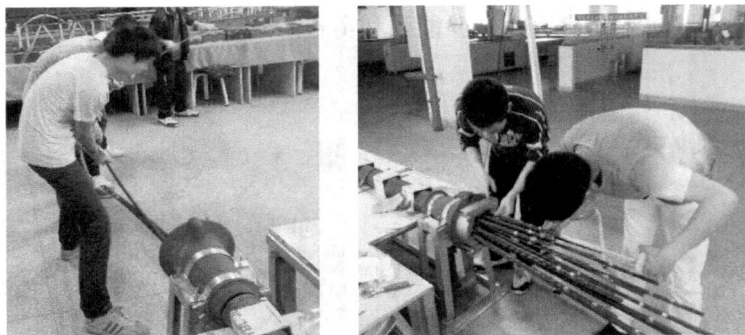

图 4-5 逐根穿束

4.3.1.3　分捆穿束

5 名试验人员尝试采用 5 + 5 + 5 + 4 的分捆穿束方式,将 19Φ^{s}15.20 改成 5 根编一捆的穿束方式,在穿第三捆时即出现卡住无法前行的状况,于是把剩下的 4 根编成一捆穿了进去,此时发现靠近曲线部位部分钢束呈现横、竖方向叠置变形状态。剩下 5 根钢绞线无法成捆穿进,将其解散改成逐根穿束,穿到第 2 根已出现钢绞线打绞现象,穿束困难、管道破损,穿第 3 根则出现塑料波纹管多个部位被捅破,最后钢绞线在管道内完全卡住无法前行,分捆穿束的试验未能继续进行。

上述三种穿束方法试验说明,在室内模型上依靠人工操作时,逐根穿束方法是最方便、效率最高的方式。整束穿束和分捆穿束操作实施难度大。

4.3.2　逐根穿束方式下钢绞线行为观测

4.3.2.1　在穿束过程中单根钢绞线的行为轨迹特征

通过穿束试验观察到穿束过程中单根钢绞线的行为轨迹特征(图 4-6)如下:

(1)在入口直线段接曲线部分:带着子弹头的钢绞线贴外壁行进的比例超过 60% ,也有时沿管道中间行进。竖向有时出现在已穿钢绞线之间穿插前行,即发生明显的绞捻现象。

(2)在曲线上和曲线接直线部分:带着子弹头的钢绞线基本上贴管道外壁行进。

(3)在直线至出口处部分:带着子弹头的钢绞线行进方向有较大变化,有时沿管道中部行进,有时贴管道内壁行进。

图 4-6　单根钢绞线的行为轨迹特征

以上现象与钢绞线受力特征吻合,入口处按现场的穿束习惯,钢绞线是从异侧环绕过来,入口处受到管壁约束有钢绞线 90° 左右弯转,钢绞线被弯曲后有回弹力的作用,使其在穿束过程中会贴外壁行进。

4.3.2.2 穿束后钢绞线在各截面管道内的分布状态

穿束后张拉前,在只有孔壁约束的自由状态,钢绞束线线型与孔道轴线不平行,单根钢绞线位置没有明显规律,钢绞束线在各段截面上的分布有一定规律可循:

采用 N1 线型时,如图 4-7 所示,在进口处直线段 *A—A* 截面至 *D—D* 截面,钢绞线束向孔道壁外侧挤贴,过直圆点 *D—D* 截面后的 *E—E* 截面部分钢绞线又出现反弯挤贴管道内壁,之后迅速弯向管壁外侧,过曲中截面后在圆直点 *I—I* 截面附近再次弯向内壁,经过 *J—J* 截面后在 *K—K* 截面附近紧密挤贴至外壁,随后逐步开始回复至直线状态,比较均匀地分布至出口。钢绞线束重心线在平面呈蛇形。在管道内直圆点和圆直点附近明显呈反弯,曲线段钢束凸向外壁方向。

图 4-7　穿束后预应力筋分布

4.4　小半径预应力钢束单根钢绞线初始长度测量试验

4.4.1　不同管径条件逐根穿束方式下的初始长度测量试验

在逐根穿束方式下,小半径预应力钢束单根钢绞线初始长度测量试验采用了 90 mm、100 mm 和 110 mm 三种不同内径的波纹管分别进行穿束试验,每种内径的管道至少进行 6 次穿束试验,取有效数据整理分析。下面分别对钢绞线长度分布数据和钢绞线长度差值分布范围进行分析。

4.4.1.1　钢绞线的长度分布试验数据

以下为穿束试验钢绞线的长度(指钢绞线锚固点之间长度)分布试验数据统计表(表4-2～表4-5)。

ϕ90 mm 波纹管道内钢绞线的长度分布(单位:cm)　表4-2

长度顺序	试验					
	第1次	第2次	第3次	第4次	第5次	第6次
1	1563.55	1559.80	1561.55	1560.55	1562.05	1562.60
2	1563.55	1562.25	1564.35	1563.25	1564.45	1564.45
3	1564.65	1562.80	1565.15	1564.50	1565.40	1565.05
4	1564.85	1564.95	1565.25	1564.95	1565.45	1565.25
5	1565.10	1566.00	1566.10	1566.35	1566.45	1565.25
6	1565.25	1566.65	1566.45	1566.50	1566.95	1565.45
7	1565.45	1568.45	1566.80	1567.55	1568.05	1568.70
8	1568.80	1569.30	1569.70	1567.85	1568.35	1569.75
9	1569.85	1569.55	1569.75	1568.45	1569.40	1570.65
10	1570.15	1570.40	1571.25	1568.85	1569.95	1572.65
11	1570.40	1572.10	1573.10	1570.95	1570.00	1573.90
12	1571.65	1574.45	1573.85	1572.35	1570.55	1574.20
13	1571.80	1575.05	1574.55	1573.25	1572.25	1574.50
14	1572.60	1575.25	1575.70	1573.80	1573.35	1574.55
15	1573.25	1575.45	1577.15	1574.60	1574.65	1574.55
16	1574.90	1575.85	1577.55	1576.30	1575.40	1576.35
17	1576.05	1576.45	1577.55	1577.05	1577.70	1576.60
18	1578.45	1577.35	1579.05	1577.80	1577.85	1579.35
19	1580.95	1580.45	1580.60	1580.45	1579.70	1579.35

ϕ100 mm 波纹管道内钢绞线的长度分布(单位:cm)　表4-3

长度顺序	试验					
	第1次	第2次	第3次	第4次	第5次	第6次
1	1560.15	1563.45	1560.65	1561.15	1563.10	1557.35
2	1560.55	1563.80	1561.85	1562.75	1565.60	1561.65
3	1562.38	1565.20	1562.80	1565.20	1566.05	1562.65
4	1567.25	1565.80	1563.10	1566.50	1566.15	1564.05
5	1567.30	1565.80	1563.25	1566.55	1566.70	1568.60
6	1567.70	1567.00	1563.75	1566.95	1566.75	1569.95

续上表

长度顺序	试验					
	第1次	第2次	第3次	第4次	第5次	第6次
7	1567.85	1568.10	1566.25	1566.95	1566.90	1570.15
8	1570.45	1571.75	1567.70	1567.55	1568.95	1571.30
9	1570.90	1571.75	1567.90	1571.15	1569.75	1572.40
10	1571.65	1572.25	1569.00	1571.45	1571.15	1574.85
11	1572.15	1572.30	1572.00	1572.00	1571.30	1574.95
12	1573.10	1573.15	1572.15	1572.45	1571.60	1575.20
13	1574.13	1573.20	1573.50	1572.65	1575.95	1575.65
14	1575.50	1573.45	1574.00	1573.75	1576.65	1575.70
15	1575.65	1575.60	1576.30	1576.25	1577.85	1577.30
16	1575.90	1576.05	1576.40	1576.45	1578.55	1578.85
17	1577.10	1577.00	1577.10	1578.10	1578.65	1579.25
18	1577.15	1578.20	1577.30	1578.50	1578.95	1579.35
19	1578.70	1582.50	1579.25	1581.30	1579.85	1579.75

ϕ100 mm 波纹管道内钢绞线的长度分布(单位:cm) 表4-4

长度顺序	试验					
	第1次	第2次	第3次	第4次	第5次	第6次
1	1558.10	1560.15	1560.95	1561.80	1560.35	1560.25
2	1558.50	1562.30	1563.95	1564.35	1561.30	1562.15
3	1561.25	1562.60	1563.95	1564.50	1562.35	1563.00
4	1562.15	1565.35	1564.30	1564.55	1566.30	1565.65
5	1564.10	1566.75	1564.75	1565.95	1567.45	1566.00
6	1564.55	1568.05	1567.35	1565.95	1568.20	1567.05
7	1567.80	1568.65	1568.15	1567.05	1568.70	1567.75
8	1567.95	1568.85	1569.95	1568.85	1569.05	1568.30
9	1568.25	1568.95	1571.10	1570.05	1569.55	1570.45
10	1569.85	1571.45	1571.90	1570.35	1570.90	1570.50
11	1571.45	1571.50	1572.60	1570.60	1571.05	1570.50
12	1572.20	1572.85	1572.75	1571.15	1571.65	1570.65
13	1573.85	1573.25	1572.95	1573.75	1571.65	1574.15

续上表

长度顺序	试验					
	第1次	第2次	第3次	第4次	第5次	第6次
14	1574.05	1575.45	1573.65	1574.95	1572.25	1574.55
15	1574.75	1576.05	1573.95	1575.70	1574.75	1575.25
16	1576.05	1576.05	1576.20	1576.35	1577.05	1575.60
17	1577.45	1577.20	1576.45	1577.10	1577.65	1576.55
18	1577.65	1577.40	1579.45	1577.70	1578.45	1578.35
19	1578.30	1581.30	1580.00	1580.55	1579.90	1580.25

ϕ110 mm 波纹管道内钢绞线的长度分布(单位:cm)　　表4-5

长度顺序	试验					
	第1次	第2次	第3次	第4次	第5次	第6次
1	1558.70	1557.75	1552.85	1561.35	1560.05	1559.60
2	1560.95	1562.20	1559.75	1561.95	1561.75	1560.20
3	1561.15	1562.30	1561.85	1562.40	1562.25	1560.75
4	1564.45	1563.85	1562.30	1563.35	1564.30	1563.15
5	1565.60	1563.95	1563.25	1566.15	1564.55	1563.75
6	1566.35	1564.66	1565.75	1566.75	1564.85	1566.75
7	1566.90	1565.05	1566.40	1567.05	1565.65	1567.00
8	1568.75	1565.35	1566.85	1567.85	1565.65	1567.50
9	1571.00	1566.55	1568.25	1567.85	1566.60	1567.65
10	1571.15	1569.75	1568.40	1568.00	1568.45	1568.05
11	1572.65	1571.45	1569.70	1569.05	1569.50	1568.95
12	1572.80	1572.20	1571.40	1570.80	1569.90	1570.75
13	1572.85	1572.75	1571.60	1573.20	1570.60	1570.95
14	1573.20	1573.40	1571.65	1573.55	1572.95	1573.30
15	1577.50	1573.70	1574.00	1574.00	1573.05	1573.35
16	1578.30	1573.75	1574.35	1575.65	1573.85	1575.05
17	1578.45	1574.80	1575.55	1576.35	1574.70	1575.45
18	1578.85	1576.20	1577.45	1580.45	1576.15	1577.65
19	1579.95	1580.65	1578.65	1580.55	1576.85	1579.00

将 ϕ90 mm 波纹管道的6组试验钢绞线长度数据汇总如图4-8所示。ϕ100 mm 波纹管道内钢绞线的长度分布见表4-3,数据汇总分布如图4-9所示。

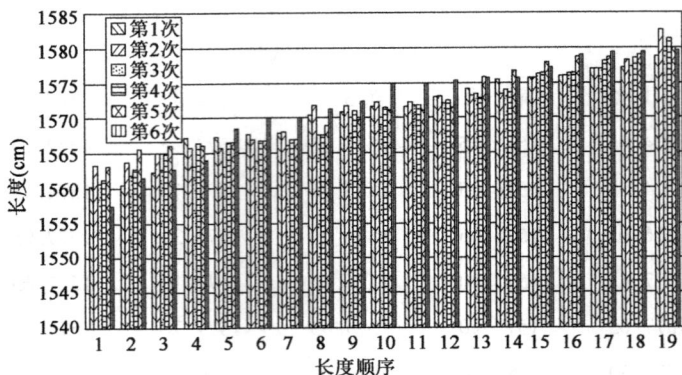

图 4-8 φ90 mm 波纹管道内钢绞线长度分布图(6 次试验汇总)

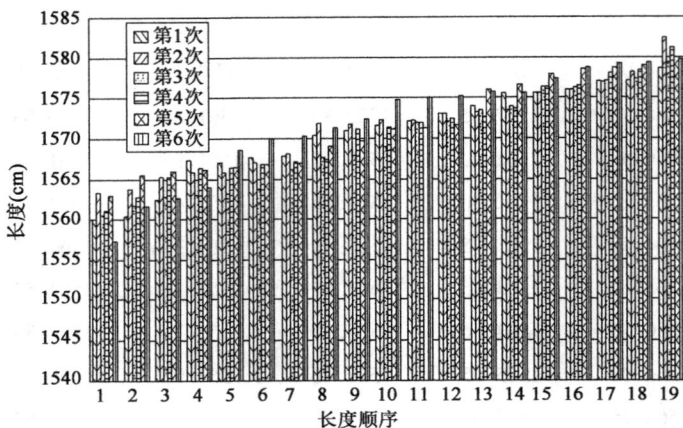

图 4-9 φ100 mm 波纹管道内钢绞线长度分布图(6 次试验汇总)

φ100 mm 波纹管道内钢绞线的长度分布见表 4-4,数据汇总分布如图 4-10 所示。

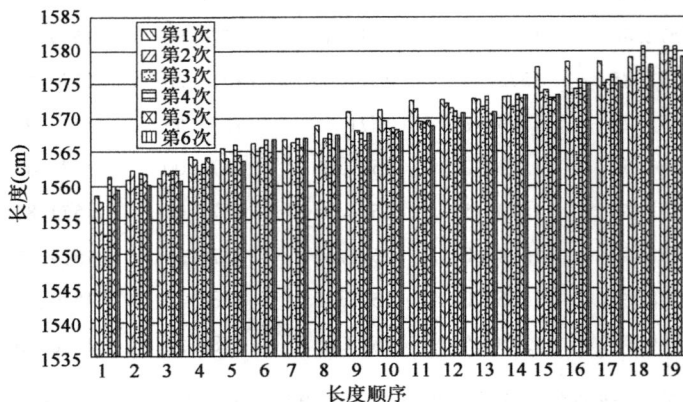

图 4-10 φ100 mm 波纹管道内钢绞线长度分布图(6 次试验汇总)

φ110 mm 波纹管内钢绞线长度分布见表4-5,数据汇总如图4-11 所示。

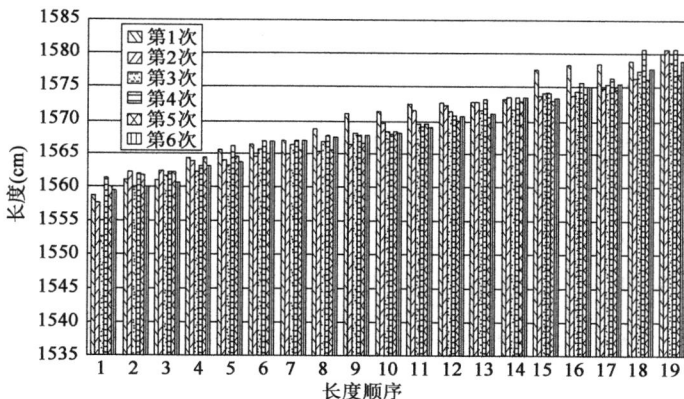

图4-11 φ110 mm 波纹管道内钢绞线长度分布图(6次试验汇总)

4.4.1.2 钢绞线的长度差值计算

以下为穿束试验钢绞线的长度差值,即锚固点间钢绞线长度减去锚固点间钢绞线最短长度,其计算结果数据统计图表见表4-6~表4-9、图4-12~图4-15。

φ90 mm 波纹管道内钢绞线的长度差值(单位:cm)　　　　　　　表4-6

长度顺序	试验					
	第1次	第2次	第3次	第4次	第5次	第6次
1	0	0	0	0	0	0
2	0.00	2.45	2.80	2.70	2.70	2.40
3	1.10	3.00	3.60	3.95	3.95	3.35
4	1.30	5.15	3.70	4.40	4.40	3.40
5	1.55	6.20	4.55	5.80	5.80	4.40
6	1.70	6.85	4.90	5.95	5.95	4.90
7	1.90	8.65	5.25	7.00	7.00	6.00
8	5.25	9.50	8.15	7.30	7.30	6.30
9	6.30	9.75	8.20	7.90	7.90	7.35
10	6.60	10.60	9.70	8.30	8.30	7.90
11	6.85	12.30	11.55	10.40	10.40	7.95
12	8.10	14.65	12.30	11.80	11.80	8.50
13	8.25	15.25	13.00	12.70	12.70	10.20
14	9.05	15.45	14.15	13.25	13.25	11.3

长度顺序	试验					
	第1次	第2次	第3次	第4次	第5次	第6次
15	9.70	15.65	15.60	14.05	14.05	12.60
16	11.35	16.05	16.00	15.75	15.75	13.35
17	12.50	16.65	16.00	16.50	16.50	15.65
18	14.90	17.55	17.50	17.25	17.25	15.80
19	17.40	20.65	19.05	19.90	19.90	17.65

ϕ100 mm 透明管道内钢绞线的长度差值分布(单位:cm)　　　　表 4-7

长度顺序	试验					
	第1次	第2次	第3次	第4次	第5次	第6次
1	0	0	0	0	0	0
2	0.40	0.35	1.20	1.60	2.50	4.30
3	2.23	1.75	2.15	4.05	2.95	5.30
4	7.10	2.35	2.45	5.35	3.05	6.70
5	7.15	2.35	2.60	5.40	3.60	11.25
6	7.55	3.55	3.10	5.80	3.65	12.60
7	7.70	4.65	5.60	5.80	3.80	12.8
8	10.3	8.30	7.05	6.40	5.85	13.95
9	10.75	8.30	7.25	10.00	6.65	15.05
10	11.50	8.80	8.35	10.30	8.05	17.50
11	12.00	8.85	11.35	10.85	8.20	17.60
12	12.95	9.70	11.50	11.30	8.50	17.85
13	13.98	9.75	12.85	11.50	12.85	18.30
14	15.35	10.00	13.35	12.60	13.55	18.35
15	15.50	12.15	15.65	15.10	14.75	19.95
16	15.75	12.60	15.75	15.30	15.45	21.50
17	16.95	13.55	16.45	16.95	15.55	21.90
18	17.00	14.75	16.65	17.35	15.85	22.00
19	18.55	19.05	18.60	20.15	16.75	22.40

ϕ100 mm 波纹管道内钢绞线的长度差值(单位:cm)　　　　　　　　表 4-8

长度顺序	试验					
	第1次	第2次	第3次	第4次	第5次	第6次
1	0	0	0	0	0	0
2	0.40	2.15	3.00	2.55	0.95	1.90
3	3.15	2.45	3.00	2.70	2.00	2.75
4	4.05	5.20	3.35	2.75	5.95	5.40
5	6.00	6.60	3.80	4.15	7.10	5.75
6	6.45	7.90	6.40	4.15	7.85	6.80
7	9.70	8.50	7.20	5.25	8.35	7.50
8	9.85	8.70	9.00	7.05	8.70	8.05
9	10.15	8.80	10.15	8.25	9.20	10.20
10	11.75	11.30	10.95	8.55	10.55	10.25
11	13.35	11.35	11.65	8.80	10.70	10.25
12	14.10	12.70	11.80	9.35	11.30	10.40
13	15.75	13.10	12.00	11.95	11.30	13.90
14	15.95	15.30	12.70	13.15	11.90	14.30
15	16.65	15.90	13.00	13.90	14.40	15.00
16	17.95	15.90	15.25	14.55	16.70	15.35
17	19.35	17.05	15.50	15.30	17.30	16.30
18	19.55	17.25	18.50	15.90	18.10	18.10
19	20.20	21.15	19.05	18.75	19.55	20.00

ϕ110 mm 波纹管道内钢绞线的长度差值(单位:cm)　　　　　　　　表 4-9

长度顺序	试验					
	第1次	第2次	第3次	第4次	第5次	第6次
1	0	0	0	0	0	0
2	2.25	4.45	6.90	0.60	1.70	0.60
3	2.45	4.55	9.00	1.05	2.20	1.15
4	5.75	6.10	9.45	2.00	4.25	3.55
5	6.90	6.20	10.40	4.80	4.50	4.15
6	7.65	6.91	12.90	5.40	4.80	7.15
7	8.20	7.30	13.55	5.70	5.60	7.40

长度顺序	试验					
	第1次	第2次	第3次	第4次	第5次	第6次
8	10.05	7.60	14.00	6.50	5.60	7.90
9	12.30	8.80	15.40	6.50	6.55	8.05
10	12.45	12.00	15.55	6.65	8.40	8.45
11	13.95	13.70	16.85	7.70	9.45	9.35
12	14.10	14.45	18.55	9.45	9.85	11.15
13	14.15	15.00	18.75	11.85	10.55	11.35
14	14.50	15.65	18.80	12.20	12.90	13.70
15	18.80	15.95	21.15	12.65	13.00	13.75
16	19.60	16.00	21.50	14.30	13.80	15.45
17	19.75	17.05	22.70	15.00	14.65	15.85
18	20.15	18.45	24.60	19.10	16.10	18.05
19	21.25	22.90	25.80	19.20	16.80	19.40

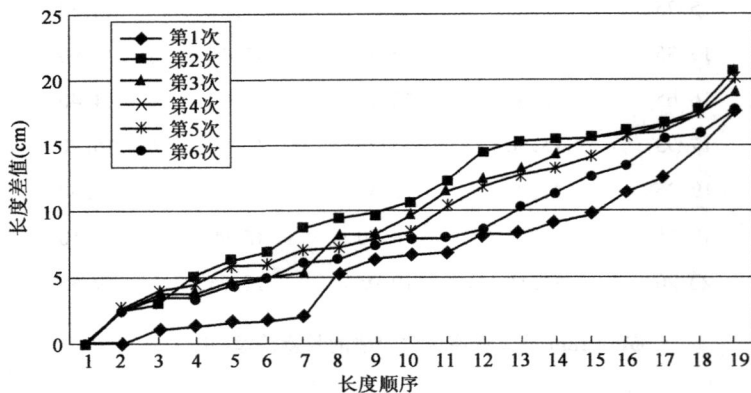

图 4-12 φ90 mm 波纹管道内钢绞线长度差值分布图

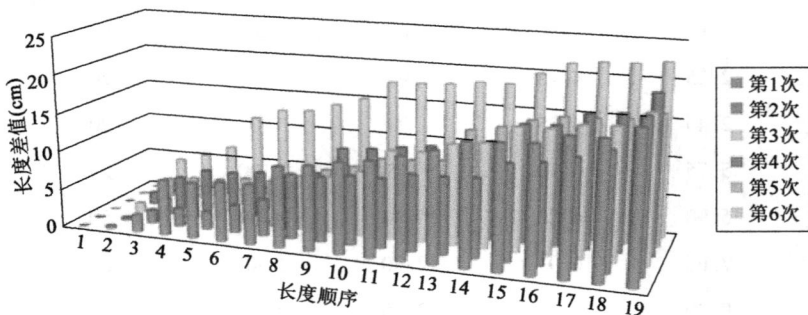

图 4-13 φ100 mm 透明管道内钢绞线长度差值分布图

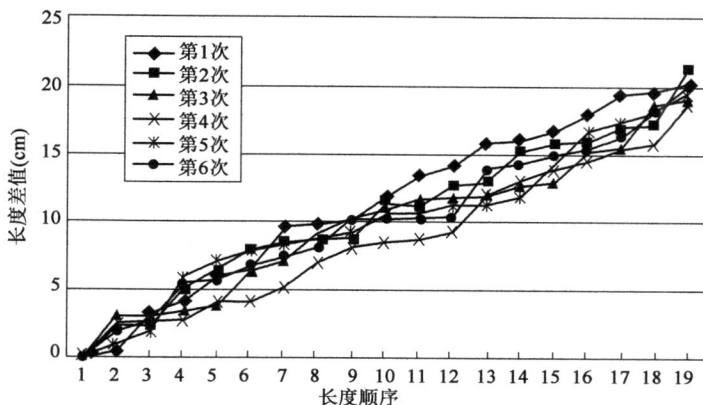

图 4-14 φ100 mm 波纹管道内钢绞线长度差值分布图

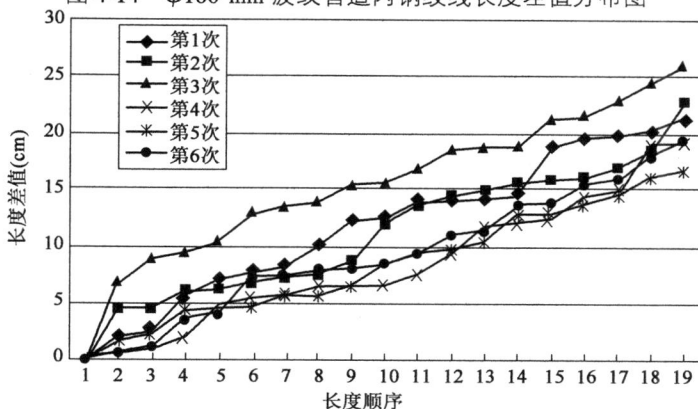

图 4-15 φ110 mm 波纹管道内钢绞线长度差值分布图

4.4.2 模拟整束方式下的初始长度测量试验

4.4.2.1 钢绞线的长度分布试验数据

模拟整束情况下,测量锚固点外钢绞线长度,计算其在管道内长度及长度差值,见表 4-10。

模拟整束 φ100 mm 透明管道内钢绞线的长度分布(单位:cm)　　表 4-10

长度顺序	试验					
	第 1 次	第 2 次	第 3 次	第 4 次	第 5 次	第 6 次
1	1560.70	1562.95	1562.15	1563.96	1564.75	1563.90
2	1561.05	1564.90	1563.90	1564.90	1565.49	1565.05
3	1563.05	1565.25	1564.00	1566.88	1567.19	1565.40

长度顺序	试验					
	第1次	第2次	第3次	第4次	第5次	第6次
4	1565.95	1566.50	1564.50	1567.95	1567.20	1565.55
5	1566.15	1566.53	1564.70	1568.20	1568.67	1566.05
6	1566.65	1566.84	1566.95	1568.50	1569.23	1567.05
7	1566.85	1567.05	1567.25	1569.65	1569.51	1567.80
8	1567.95	1567.45	1567.45	1570.45	1570.25	1569.25
9	1569.05	1567.57	1568.00	1570.86	1570.35	1569.75
10	1569.35	1568.35	1568.10	1570.95	1570.65	1570.15
11	1570.20	1568.68	1569.65	1571.50	1571.97	1571.35
12	1571.65	1568.70	1570.50	1572.39	1572.30	1572.95
13	1571.95	1569.64	1571.05	1572.67	1572.34	1573.15
14	1572.30	1570.92	1571.20	1572.85	1572.45	1573.25
15	1573.05	1571.70	1572.50	1573.05	1572.65	1574.75
16	1573.30	1572.75	1572.70	1573.95	1573.80	1575.80
17	1576.00	1574.70	1573.55	1574.45	1574.75	1576.10
18	1576.20	1575.35	1574.05	1574.80	1574.80	1577.25
19	1577.35	1576.35	1574.35	1577.00	1576.35	1578.00

4.4.2.2 模拟整束钢绞线的长度差值计算

模拟整束试验 ϕ100 mm 透明管道内钢绞线的长度差值分布见表4-11。

整束试验 ϕ100 mm 透明管道内钢绞线的长度差值分布(单位:cm)　　表4-11

长度顺序	试验					
	第1次	第2次	第3次	第4次	第5次	第6次
1	0	0	0	0	0	0
2	0.35	1.95	1.75	0.94	0.74	1.15
3	2.35	2.30	1.85	2.92	2.44	1.50
4	5.25	3.55	2.35	3.99	2.45	1.65
5	5.45	3.58	2.55	4.24	3.92	2.15
6	5.95	3.89	4.80	4.54	4.48	3.15
7	6.15	4.10	5.10	5.69	4.76	3.90

长度顺序	试验					
	第1次	第2次	第3次	第4次	第5次	第6次
8	7.25	4.50	5.30	6.49	5.50	5.35
9	8.35	4.62	5.85	6.90	5.60	5.85
10	8.65	5.40	5.95	6.99	5.90	6.25
11	9.50	5.73	7.50	7.54	7.22	7.45
12	10.95	5.75	8.35	8.43	7.55	9.05
13	11.25	6.69	8.90	8.71	7.59	9.25
14	11.60	7.97	9.05	8.89	7.70	9.35
15	12.35	8.75	10.35	9.09	7.90	10.85
16	12.60	9.80	10.55	9.99	9.05	11.90
17	15.30	11.75	11.40	10.49	10.00	12.20
18	15.50	12.40	11.90	10.84	10.05	13.35
19	16.65	13.40	12.20	13.04	11.60	14.10

4.4.3　试验结果与分析

4.4.3.1　逐根穿束方式不同管径条件下钢绞线的长度差分布范围

统计不同管径下钢绞线与管道轴线长度差值及钢绞线长度差值见表4-12。钢绞线长度差分布汇总见表4-13。

N1 线形下不同管径的钢绞线与管道轴线长度差分布范围　　表4-12

管道内径	试验次数	钢绞线与管道轴线长度差值分布范围（cm）		长度差值（cm）
		最小值	最大值	
φ90 mm 塑料波纹管	1	−7.05	10.35	17.40
	2	−10.80	9.85	20.65
	3	−9.05	10.00	19.05
	4	−10.05	9.85	19.90
	5	−8.55	9.10	17.65
	6	−8.00	8.75	16.75
	平均值	−8.92	9.65	18.57

续上表

管道内径	试验次数	钢绞线与管道轴线长度差值分布范围(cm)		长度差值(cm)
		最小值	最大值	
φ100 mm 透明波纹管	1	−10.45	8.10	18.55
	2	−7.15	11.90	19.05
	3	−9.95	8.65	18.60
	4	−9.45	10.70	20.15
	5	−7.50	9.25	16.75
	6	−13.25	9.15	22.40
	平均值	−9.63	9.63	19.25
φ100 mm 塑料波纹管	1	−12.50	7.70	20.20
	2	−10.45	10.70	21.15
	3	−9.65	9.40	19.05
	4	−8.80	9.95	18.75
	5	−10.25	9.30	19.55
	6	−10.35	9.65	20.00
	平均值	−10.33	9.45	19.78
φ110 mm 塑料波纹管	1	−11.90	9.35	21.25
	2	−12.85	10.05	22.90
	3	−17.75	8.05	25.80
	4	−9.25	9.95	19.20
	5	−10.55	6.25	16.80
	6	−11.00	8.40	19.40
	平均值	−12.22	8.675	20.89

N1 线型下不同管径的钢绞线长度及差值分布汇总 表4-13

序号	管道内径	钢绞线长度 平均值(cm)	长度差值 平均值(cm)
1	φ90 mm 塑料波纹管	1570.66	18.57
2	φ100 mm 透明波纹管	1571.08	19.25
3	φ100 mm 塑料波纹管	1570.38	19.78
4	φ110 mm 塑料波纹管	1569.18	20.89

由表4-13可知，ϕ90 mm塑料波纹管内钢绞线长度差值为18.57 cm，ϕ100 mm透明波纹管内钢绞线长度差值为19.25 cm，ϕ100 mm塑料波纹管内钢绞线长度差值为19.78 cm，ϕ110 mm塑料波纹管管内钢绞线长度差值为20.89 cm。

试验数据表明，管道内径对钢绞线初始长度差有直接影响，差值随管径增大而增大。

4.4.3.2　逐根穿束方式与整束穿束方式下的钢绞线长度差分布范围及分析

模拟整束试验测量及计算结果见表4-14，ϕ100 mm波纹管状态下，逐根穿束时钢绞线长度差值均值为19.25 cm，模拟整束时为13.50 cm。与试验时观测到的现象相吻合：钢绞线受编束扎丝约束作用，各截面相对呈现为较规则的圆形或椭圆。钢绞线间相对较平顺、没有绞捻。因此，模拟整束穿束钢绞线长度差值的平均值明显小于逐根穿束的情况。

钢绞线与管道轴线长度差分布范围　　表4-14

穿束方式	管道内径	试验	钢绞线与管道轴线长度差值分布范围(cm)		长度差值(cm)
			最小值	最大值	
逐根穿束	ϕ100 mm透明波纹管	第1次	−10.45	8.10	18.55
		第2次	−7.15	11.90	19.05
		第3次	−9.95	8.65	18.60
		第4次	−9.45	10.70	20.15
		第5次	−7.50	9.25	16.75
		第6次	−13.25	9.15	22.40
		平均值	−9.66	9.66	19.25
模拟整束	ϕ100 mm透明波纹管	第1次	−6.90	9.75	16.65
		第2次	−5.05	8.35	13.40
		第3次	−6.45	5.75	12.20
		第4次	−6.64	6.40	13.04
		第5次	−6.45	5.15	11.60
		第6次	−7.30	6.80	14.10
		平均值	−6.47	7.03	13.50

4.4.3.3　模型试验数据与忠建河实桥试验数据对比

N1线型下100 mm管径条件下，通过模型试验数据与忠建河特大桥实桥测试数据对比(表4-15)可以看出,穿束方式、管道相同时,现场施工实桥钢绞线长度差值范围影响因素相对较复杂,因此其长度差值大于室内模型试验结果。

模型试验数据与实桥试验数据分析　　　　　　　表 4-15

数据来源	φ100 mm 模型试验数据	φ100mm 实桥测试数据
长度差值(cm)	19.78	26.80

4.5　本章小结

　　本章通过室内小半径预应力钢束孔道模型试验,对不同直径波纹管、穿束方式对钢束初始长度不均匀分布的影响程度展开研究,选择合适波纹管管径和穿束方式,以减少穿束后钢束初始长度不均匀,降低张拉后钢束预应力的不均匀性,为提高小半径预应力钢束施工质量提供试验数据支撑。主要结论如下:

　　(1)小半径预应力钢束孔道模型试验的三种穿束方法试验表明,室内模型中,人工逐根穿束是最方便、效率最高的穿束方式。

　　(2)逐根穿束方式下,穿束后的初始状态,钢绞线束在孔道约束反力、钢筋回弹力、重力共同作用下,钢绞线束在尽可能以最大曲率半径外形保持静力平衡。钢绞线的分布是随机的,不平行、有绞捻,单根钢绞线既有平弯又有竖弯,单根钢绞线线型和位置分布差异是导致钢绞线长度有差异的主要原因。

　　(3)穿束后初始状态钢束的长度分布是不均匀的,管道内径与钢绞线初始长度差呈正比关系,差值随管径增大而增大。

　　(4)整束情况下,钢绞线受编束扎丝约束作用,各截面相对呈较规则的圆形或椭圆。钢绞线间相对较平顺、没有绞捻。整束钢绞线的重心在曲线附近仍有一定程度向外向下偏离。模拟整束穿束钢绞线长度差值的平均值明显小于逐根穿束的情况。

　　因此,建议预应力钢束整体穿束,可有效避免钢绞线扭绞。张拉时,应先张拉预紧,然后再正式张拉,可改善钢绞线在孔道内松紧不一的问题,从而减少其受力不均匀性,避免实测数据过大。

第 5 章

小半径预应力钢束单根
不均匀状态分析

5.1 小半径预应力有效预应力不均匀性理论

5.1.1 张拉过程

小半径预应力钢束基本采用钢绞线。结合钢绞线易于弯曲等特点,定义四种钢绞线束状态,并将张拉过程分为三个操作阶段,如图5-1所示。

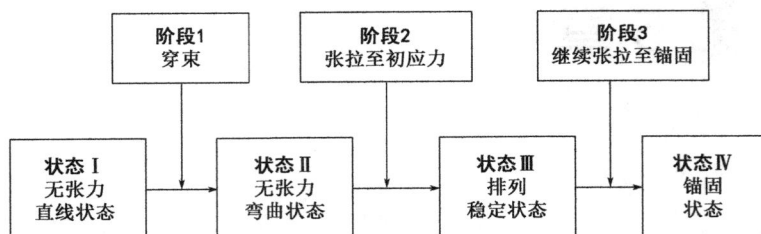

图5-1 小半径预应力钢绞线束的张拉过程

钢绞线束的四种状态:

状态Ⅰ(无张力直线状态):穿束前,钢绞线束保持其固有形状,基本呈直线。

状态Ⅱ(无张力弯曲状态):穿束后张拉前,只有孔道约束的自由状态,基本沿孔道线形弯曲,但并不与孔道中心线完全重合。该状态的特点是钢绞线的位置遵循应变能最低原理,具体表现为:钢绞线在孔道约束下,尽可能以最大曲率半径外形保持静力平衡。如图5-2所示。

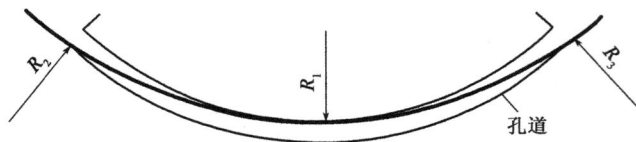

图5-2 钢绞线的无应力弯曲状态

状态Ⅲ(排列稳定状态):张拉到初应力,钢绞线束中的每一根钢绞线都受到充分张拉,钢绞线内部完成重排列,相对位置稳定。

状态Ⅳ(锚固状态):继续张拉到锚下控制应力,持荷后锚固。

张拉过程的三个阶段:

阶段1(穿束阶段):从某种意义上来讲,弯曲孔道穿束是使钢绞线束从无张力直线状态转变为无张力弯曲状态的过程。穿束后,钢绞线束随孔道弯转,每根钢绞线在孔道内的长度会出现差异。

阶段2(张拉开始到初应力阶段):本阶段是钢绞线束在有孔道约束和部分张拉荷载作用下的内部调整过程。在张拉的过程中,曲线段钢绞线因径向分力,将越来越向孔道内侧移动,基本调整稳定。从能量方面考虑,在理想状态时,预应力钢束排列的结果总是使得最后总体势能最小。

阶段3(继续张拉到持荷锚固阶段):本阶段,钢绞线束内部排列始终维持稳定状态,由于径向荷载的存在,随着张拉力的增大,波纹管弯道部分内侧波纹基本被压平,受力钢绞线向弯道内侧靠拢,相当于弯曲段孔道中心线向内移动。与此同时,弯道受压区混凝土被压缩,使得钢绞线束发生径向位移,预应力钢束的弯曲半径因此相对减小,同样引起张拉时预应力钢束的额外伸长。

5.1.2 重排列

预应力钢束穿束后张拉前,受孔道约束、重力以及自身刚度等因素的影响,钢绞线在孔道内的排列状态为离散的随机排列状态。在张拉过程中,受径向分力作用弯道处的钢绞线会向孔道内侧移动,从而改变先前圆形截面重新排列。根据最小势能原理,一个体系的势能在最小时,系统才会处于稳定平衡状态。所以,在理想状态下,钢绞线最终的排列会稳定下来且排列形式将是唯一的,这时钢绞线束的总势将能达到最小。这个钢绞线截面位置重组的过程称为重排列。

这一点可以用一系列的小钢管在一大钢管中的自由排列稳定后的图示解释,如图5-3所示。

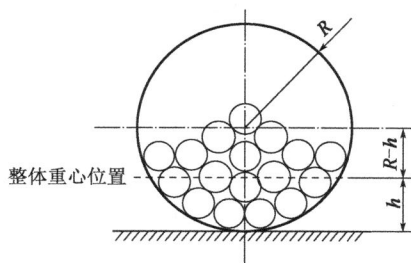

图5-3 在重力作用下的稳定状态

图5-3中的小圆表示一系列的小钢管,外面的大圆表示一大钢管。处于图5-3中的排列状态时,小钢管的总体势能最小,而且这一状态是唯一和确定的。

为解释小半径预应力钢束在弯道处钢绞线的重排列,现以 7 根钢绞线束示意如图 5-4 所示。

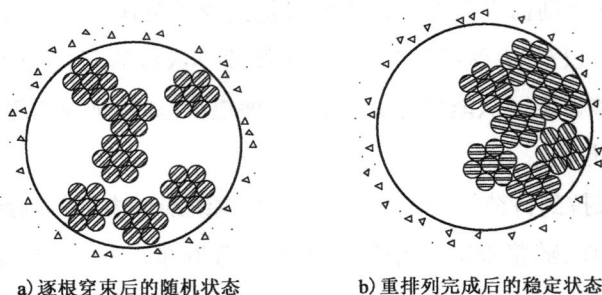

a) 逐根穿束后的随机状态   b) 重排列完成后的稳定状态

图 5-4　孔道内钢绞线截面位置变化示意图(右为弯道内侧方向)

穿束过程中钢束随弯曲孔道弯转,各根钢绞线长度会出现差异。逐根穿束的情况下,各根钢绞线在孔道中处于离散的随机排列状态,截面位置如图 5-4a)所示;可以理解,截面位置在弯道外侧的钢绞线一般比在内侧的钢绞线初始长度值更大。

整体张拉的过程中,因径向分力,每根钢绞线将向曲线段内侧孔壁移动,从而改变先前截面位置重新排列。稳定状态是唯一和确定的,如图 5-4b)所示。靠内侧的钢绞线先稳定,先受张拉力;靠外侧的钢绞线后稳定,后受张拉力。当最松弛的那根钢绞线位置稳定,开始受力时,认为到达初应力,重排列完成。

5.1.3　无效伸长量

以上行为分析表明,钢绞线在重排列过程中,位置向弯道内侧移动产生额外长度。体现在张拉过程中,由以下两个部分组成:

(1)整束的额外伸长量——开始张拉到第一根钢绞线开始受力,在张拉千斤顶油缸行程上产生的伸长量。

(2)某根钢绞线的额外伸长量——第一根钢绞线开始受力,到该根钢绞线开始受力时,产生的伸长量。

第一部分的额外伸长量对所有钢绞线都适用。通俗地说,就是整束钢绞线是松的,都没有贴近孔道内壁。从张拉过程分析来看,开始张拉后,钢束会整体向孔道内侧移动,这种移动是刚体移动,钢绞线没有应力,所以这时产生的伸长量体现在张拉千斤顶油缸行程上,每根钢绞线都相等。《公路桥涵施工技术规范》(JTG/T 3650—2020)中规定的伸长值的计算方法中,要求将初应力前的伸长量用相邻级伸长量替换,目的就是要消除此部分额外伸长量。

第二部分的额外伸长量对单根钢绞线适用。通俗地说,就是整束钢绞线的松紧程度不一,贴紧孔道内壁有先后。第一根钢绞线已开始受力,结构上已经开始产生预加力,随着张拉继续,后续各根钢绞线就会依次参与受力。对某根钢绞线而言,在参与受力前需要"等待",并随整束延伸但无应力。这部分随整束的伸长量对这根钢绞线而言也属于额外伸长量,但称之为"无效"伸长量更为贴切。由于每根钢绞线依次开始受力,无效伸长量各不相同。无效伸长量由重排列产生,是导致钢绞线应力不均匀和伸长量超限的主要原因,也是我们研究的重点。

现采用 AutoCAD 软件模拟方法对忠建河特大桥索塔 N1 钢束(19Φ^{s}15.20)进行无效伸长量化计算。根据最小势能原理,将 19 根钢绞线逐一安放在 y 坐标值最小的位置,可以唯一确定重排列后的钢绞线位置,如图 5-5 中目标状态 B 所示。

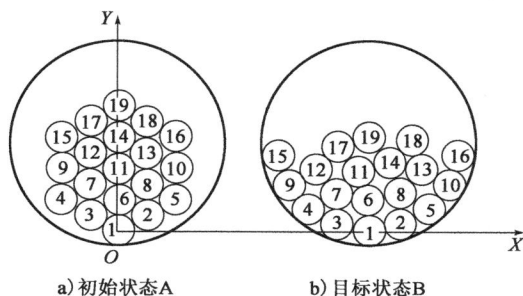

a)初始状态A　　　　　　b)目标状态B

图 5-5　孔道内钢绞线位置分布

但如何确定钢束重排列之前的初始状态,则比较复杂。施工现场穿束工艺实施情况各异,的确随机性比较大。根据之前所做的大量穿束试验观察到的规律,我们将初始状态假设成一种规则圆形截面的理想状态,如图 5-5 中状态 A,以便进一步分析。张拉过程中,弯曲孔道处的钢绞线在径向分力作用下,以状态 B 为目标形态完成重排列。1 号钢绞线处于整个体系中势能最低位置,已达到稳定状态,故以 1 号钢绞线为基准,坐标原点移至其形心。在状态 A 和状态 B 下,各钢绞线形心的纵坐标值分别为 h_{Ai}、h_{Bi}。从状态 A 到状态 B,钢绞线的位置发生改变,钢绞线曲线段会整体向孔道内侧移动,导致在钢绞线两端产生额外伸长值,第 i 根钢绞线形心的纵坐标变化值为 Δh_i,$\Delta h_i = h_{Bi} - h_{Ai}$。第 i 根钢绞线额外伸长值为 Δl_i,$\Delta l_i = \pi \Delta h_i$,该额外伸长量即各根钢绞线的无效伸长量。

5.1.4　应力不均匀系数 η

已知各根钢绞线的无效伸长量,结合其他参数条件,可量化计算出应力不均匀程度。

（1）初始长度。

初始长度是指钢束整体张拉时，每根钢绞线在千斤顶工具夹片间被施加预应力部分的长度，包括直线段、曲线段及张拉工作段长度，是计算伸长量的基础参数。1 号钢绞线初始长度为基准，其他钢绞线初始长度 $L_i = L_1 + \pi h_{Ai}$。

（2）整束伸长量。

假设整束张拉伸长量为 x 时，张拉控制力达到设计值。根据 $\sum_{i=1}^{n} F_i = N$（N 为预应力钢束控制拉力；F_i 为第 i 根钢绞线所受的拉力），推出计算公式：

$$\sum_{i=1}^{n} \left[EA_i(x - \Delta l_i)/L_i \right] = \sigma_{con} \sum_{i=1}^{n} A_i \tag{5-1}$$

式中，E 为钢绞线弹性模量；A_i 为单根钢绞线的面积；Δl_i 为无效伸长量计算值；σ_{con} 为张拉控制应力。

（3）单根钢绞线应力。

$$\sigma_i = E(x - \Delta l_i)/L_i \tag{5-2}$$

根据此公式，计算每根钢绞线的应力值。

（4）不均匀系数。

现引入不均匀系数 η，用以表征应力不均匀程度的大小。η 定义为钢束中单根钢绞线应力的最大值减最小值，得到的差值再除以平均应力值。计算式如式（5-3）：

$$\eta = (\sigma_{max} - \sigma_{min})/\sigma_{aver} \tag{5-3}$$

5.2 小半径预应力钢束有效预应力不均匀系数计算实例

以忠建河特大桥为例，对 N1 钢束（19Φ^s15.20）、N2 钢束（12Φ^s15.20）进行不均匀系数计算，分析其有效预应力不均匀程度。

5.2.1 N1 钢束算例

（1）计算重排列引起的无效伸长量。

N1 钢束的无效伸长量计算见表 5-1。

N1 钢束(19φ*15.20)的无效伸长量计算表(单位:mm)　　　　表 5-1

钢绞线序号	B 状态 h_{Ai}	A 状态 h_{Bi}	Δh_i	$\Delta l_i = \pi \Delta h_i$
1	0	0	0	0
2	2.72	7.60	4.88	15.315
3	2.72	7.60	4.88	15.315
4	10.55	15.20	4.65	14.615
5	10.55	15.20	4.65	14.615
6	15.20	15.20	0.00	0.000
7	18.26	22.80	4.54	14.257
8	18.26	22.80	4.54	14.257
9	22.46	30.40	7.94	24.929
10	22.46	30.40	7.94	24.929
11	29.62	30.40	0.78	2.435
12	30.18	38.00	7.82	24.574
13	30.18	38.00	7.82	24.574
14	34.26	45.60	11.34	35.619
15	36.94	45.60	8.66	27.194
16	36.94	45.60	8.66	27.194
17	41.54	53.20	11.66	36.625
18	44.90	53.20	8.30	26.075
19	46.19	60.80	14.61	45.904

注:h_{Ai}为状态 A 下第 i 根钢绞线形心纵坐标;h_{Bi}为状态 B 下第 i 根钢绞线形心纵坐标;$\Delta h_i = h_{Bi} - h_{Ai}$;$\Delta h_i$ 为第 i 根钢绞线额外伸长值。

从表中无效伸长值 Δl_i 可以看出,1 号、6 号钢绞线张拉时就开始受力;当张伸长值达到 2.44 mm 时,11 号钢绞线开始受力,其余钢绞线虽拉伸相同长度,但还未开始受力;张拉伸长值达到 14.257 mm 时,8 号钢绞线也开始受力。以此类推,当张拉伸长值达到 45.904 mm 时,19 根钢绞线开始共同受力。

(2)计算整束张拉伸长量及应力。

根据式(5-1),计算得整束张拉伸长量 $x = 140.43$ mm。

根据式(5-2),计算每根钢绞线的有效伸长量及应力,见表 5-2。

N1 钢束(19Φ*15.20)应力计算表　　　　　　表 5-2

钢绞线序号	Δh_i（mm）	$\Delta l_i = \pi\Delta h_i$（mm）	单侧整束拉伸70.715 mm时单根伸长量(mm)	应力值（MPa）	内力值（kN）
1	0.00	0.000	70.71	1637.90	270253.49
2	4.88	15.315	63.05	1459.76	240860.59
3	4.88	15.315	63.05	1459.76	240860.59
4	4.65	14.615	63.40	1465.75	241848.83
5	4.65	14.615	63.40	1465.75	241848.83
6	0.00	0.000	70.71	1633.27	269489.17
7	4.54	14.257	63.58	1467.76	242181.02
8	4.54	14.257	63.58	1467.76	242181.02
9	7.94	24.929	58.25	1343.55	221685.23
10	7.94	24.929	58.25	1343.55	221685.23
11	0.78	2.435	69.49	1600.84	264138.24
12	7.82	24.574	58.42	1345.73	222045.54
13	7.82	24.574	58.42	1345.73	222045.54
14	11.34	35.619	52.90	1217.56	200897.57
15	8.66	27.194	57.11	1313.88	216790.87
16	8.66	27.194	57.11	1313.88	216790.87
17	11.66	36.625	52.40	1204.37	198720.41
18	8.30	26.075	57.67	1324.79	218590.64
19	14.61	45.904	47.76	1096.80	180971.89

（3）计算应力不均匀系数。

19Φ*15.20 钢绞线束不均匀系数为：

$$\eta = \frac{\sigma_{max} - \sigma_{min}}{\sigma_{aver}} = \frac{1637.90 - 1096.80}{1395.00} = 0.388$$

5.2.2　N2 钢束算例

另对 N2 钢束进行应力不均匀系数的计算，计算数据见表 5-3。

N2 钢束(12Φ°15.20)应力计算表   表 5-3

钢绞线序号	Δh_i (mm)	$\Delta l_i = \pi \Delta h_i$ (mm)	单侧整束拉伸 65.44 mm 时单根伸长量(mm)	应力值 (MPa)	内力值 (kN)
1	0.00	0.00	65.44	1514.41	274803.28
2	4.51	7.09	58.35	1349.65	244905.16
3	4.51	7.09	58.35	1349.65	244905.16
4	3.36	5.27	60.17	1389.38	252115.43
5	3.36	5.27	60.17	1389.38	252115.43
6	0.00	0.00	65.44	1510.14	274026.81
7	2.86	4.49	60.95	1405.21	254987.49
8	2.86	4.49	60.95	1405.21	254987.49
9	5.58	8.76	56.68	1305.61	236913.67
10	5.58	8.76	56.68	1305.61	236913.67
11	0.32	0.51	64.93	1494.30	271153.01
12	5.08	7.98	57.46	1321.52	239801.62

12 根钢绞线束不均匀系数

$$\eta = \frac{\sigma_{\max} - \sigma_{\min}}{\sigma_{\text{aver}}} = \frac{1514.41 - 1305.61}{1395.00} = 0.15$$

本章采用计算模型中钢绞线的状态 A,是根据比较良好的的穿束条件下得到的比较理想的初始排列状态,通过细致观测弯道处钢绞线束的初始排列状态,将其作为状态 A 进行理论计算,可以得到更精确的结果。

5.3 小半径预应力钢束应力不均匀系数计算程序编写

由以上研究发现,钢绞线根数、预应力孔道内径、转角、半径、钢束受力段长度等 5 个参数都会对预应力的不均匀程度产生影响。例如,钢绞线根数增多、预应力孔道内径增大时,应力不均匀程度会增加。

为降低人工计算的工作量,我们利用 MATLAB 计算编程方法,编写出了应力不均匀系数计算程序。为分析和比较不同条件下 U 形预应力钢束的应力不均匀程度提供方便,也为 U 形预应力钢束优化给出了一个参考标准。计算程序设计流程如图 5-6 所示,计算程序主界面如图 5-7 所示。

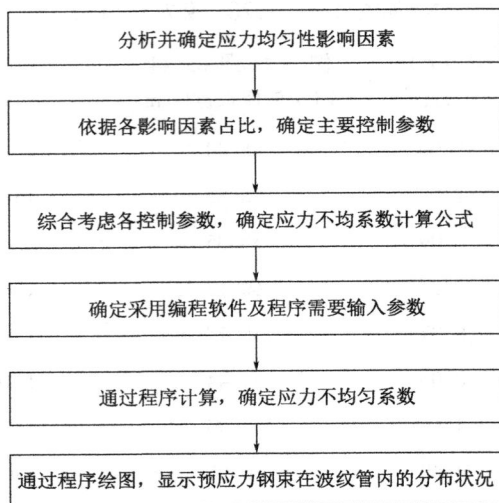

图 5-6　计算程序设计流程

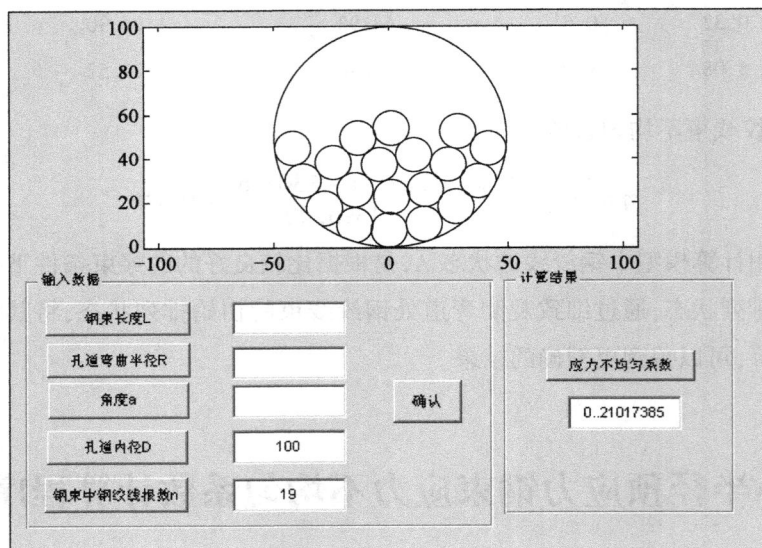

图 5-7　计算程序主界面

（1）数据输入。

计算程序需输入钢绞线根数、预应力孔道内径、转角、半径、钢束受力段长度等 5 个参数。

（2）计算结果。

程序运行后,输出应力不均匀系数。不均匀系数越大,应力越不均匀。可通过输入参数调整,选择不均匀系数最小对应的最优参数。

（3）图形显示。

显示当前参数下预应力的在管道内的分布图，可观察预应力钢束的排列情况，便于直观判断输入参数的合理性。

（4）运行示例。

程序运行界面如图5-7所示。在界面不同参数输入数据时，可输出对应的稳定状态横截面图示及应力不均匀系数。

使用Windows操作系统在计算机上运行本软件时，在安装MATLAB软件后，点击本软件图标，可以显示出交互界面，进行需要的软件操作。

通过此程序计算应力不均匀系数，选择合理的预应力钢束设计参数及施工控制参数，降低预应力的不均匀性。

5.4 本章小结

本章建立了有效预应力不均匀性理论，对小半径预应力钢束在张拉过程中伸长量和应力的不均匀性进行了详细分析，提出了无效伸长量和应力不均匀系数的概念。分析得出钢绞线根数、预应力孔道内径、转角、半径、钢束受力段长度等5个参数都会对预应力的不均匀程度产生影响。利用MATLAB计算编程方法，编写出了应力不均匀系数计算程序。为选择合理的预应力钢束设计参数及施工控制参数，降低预应力的不均匀性，提高预应力钢束施工质量，提供了便捷高效的计算方法。

结合忠建河特大桥索塔锚固区U形预应力钢束算例，得出如下结论：

（1）在钢绞线束初始排列处于理想状况下，以N1钢束（19ϕ^s15.20）为例，通过计算可得其不均匀系数为0.388，即19根钢绞线应力值差异幅度达38.8%。

（2）在实际施工环境中，影响穿束的因素比较多，初始排列状态可能离散程度更高，应力的不均匀性更大。当采用常规的逐根穿束、整束张拉方式时，少量钢绞线可能会因应力过高发生破断，造成结构质量和安全隐患，应采取必要的施工控制措施。

第 6 章

小半径曲线预应力张拉
施工工艺试验研究

6.1 索塔锚固区足尺模型的设计及制作

在桥梁建造中,对同一种工艺而言,质量控制标准不因桥梁结构形式、重要程度、规模大小、造价高低的不同而异。预应力施工工艺也不例外。

早期矮塔斜拉桥钢绞线拉索施工中,整束张拉工艺下,存在应力不均匀现象。部分钢绞线的应力偏大,易发生断丝、滑丝现象,影响后续主梁线形。为解决这一问题,施工现场已普遍采用等值张拉法。所谓等值张拉法就是在每束斜拉索中选择一根钢绞线首先张拉,在这根钢绞线上安装一个临时锚具和配套的压力传感器,利用压力传感器的读数和张拉千斤顶的油压表读数相等的方法以保证所有钢绞线的张拉力相同,误差不超过±5%。

针对矮塔斜拉桥钢绞线拉索应力的不均匀性控制标准严格的问题,需要采用等值张拉法逐根张拉,费时费力。对于斜拉桥索塔锚固区小半径预应力钢束应力不均匀性也应尽可能的消除和控制。

通过足尺模型的张拉试验,研究斜拉桥混凝土索塔小半径预应力钢束不同穿钢束形式、张拉工艺对预应力钢束应力不均匀的影响。

选取主塔节段,在现场制作钢筋混凝土索塔足尺模型。模型比例为1:1,尺寸为7.5 m×4.5 m×1.5 m。模型内预应力钢束、锚固区及定位钢筋按设计图纸备料,普通钢筋参考设计图纸,管道选取内径 φ100 mm 波纹管,相关位置根据现场情况具体调整确定,以方便制作、保证管道线形、张拉安全为原则。

为便于观察钢筋穿束及重排列的情况,在管道曲线段设置多个观察孔预埋铁盒。足尺模型制作过程如图 6-1 ~ 图 6-3 所示。

图 6-1　足尺模型钢筋绑扎

图 6-2　足尺模型混凝土养护

图 6-3　足尺模型制作完成

为找到合理的张拉控制方法,依托索塔足尺模型,对小半径预应力钢束展开穿束、张拉等试验研究。

主要做整束穿束＋整束张拉、逐根穿束＋整束张拉、逐根穿束＋逐根张拉、逐根穿束＋逐根预张＋整束张拉四种工艺的试验。

试验数据记录说明如下:

(1)长度差:首先测量每根钢绞线的初始长度 L_0,然后进行穿束,安装锚垫板,测量两端锚垫板表面至外露钢绞线末端长度。将初始长度减去两端外露长度,得到钢绞线在孔道内的长度 L,再将 19 根钢绞线孔道内长度 L 的最大值减去最小值,得到长度差。

(2)0→25% σ_{con} 实测伸长值:从开始张拉至张拉到设计总拉力的 25% ,记录伸长值。

(3)0→25% σ_{con}→100% σ_{con} 实测伸长值:张拉到设计总的拉力的 25% 后持荷,再张拉到设计总拉力的 100% ,记录伸长值。

(4)25% σ_{con}→100% σ_{con} 实测伸长值:0→25% σ_{con}→100% σ_{con} 实测伸长值与 0→25% σ_{con} 实测伸长值的差值。

(5)单根钢绞线的应力实测值:张拉到设计总拉力的 100% 时,通过电阻式应变片获得的逐根钢绞线应力值。限于篇幅,本章各表中只列出每次试验中 19 根钢绞线应力中的最小值和最大值。

6.2 索塔锚固区足尺模型试验

6.2.1 穿束后钢绞线初始长度分布试验

在足尺模型上进行逐根穿束试验,小半径预应力钢束单根钢绞线初始长度测量试验对内径 100 mm 的波纹管分别进行穿束试验(图 6-4),每种内径的管道进行 6 次穿束试验。以下分别对钢绞线长度分布数据和钢绞线长度差值分布范围进行分析。

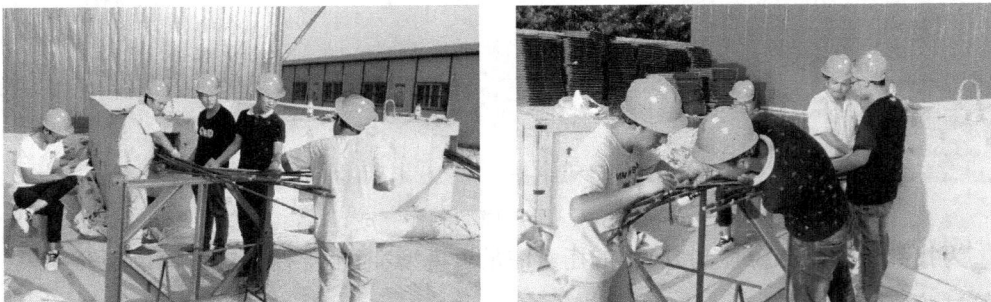

图 6-4 足尺模型穿束试验

6.2.1.1 钢绞线的长度分布试验数据

穿束试验钢绞线的长度(指钢绞线锚固点之间长度)分布试验数据统计见表 6-1。

$\phi100$ mm 波纹管道内钢绞线的长度分布(单位:cm)   表 6-1

长度顺序	试验					
	第 1 次	第 2 次	第 3 次	第 4 次	第 5 次	第 6 次
1	1558.45	1558.30	1559.05	1558.25	1557.85	1558.90
2	1561.60	1561.05	1561.50	1560.40	1560.20	1560.90
3	1563.15	1561.20	1562.65	1560.55	1560.80	1562.90
4	1563.45	1561.70	1564.60	1563.50	1562.20	1563.25
5	1564.05	1563.75	1564.65	1566.20	1563.10	1563.70
6	1565.05	1563.85	1565.40	1566.30	1564.45	1566.30
7	1566.05	1564.50	1565.80	1566.60	1567.45	1568.10

长度顺序	试验					
	第1次	第2次	第3次	第4次	第5次	第6次
8	1567.75	1567.35	1567.35	1567.70	1568.80	1568.90
9	1569.15	1568.40	1567.75	1569.10	1569.50	1569.90
10	1570.35	1570.55	1570.95	1570.60	1569.90	1571.05
11	1570.70	1571.55	1572.25	1571.65	1570.00	1573.85
12	1571.25	1571.70	1572.85	1572.00	1571.40	1574.55
13	1572.85	1574.20	1574.85	1572.70	1571.60	1575.70
14	1572.95	1574.60	1575.45	1573.60	1573.45	1576.60
15	1574.70	1575.30	1576.25	1575.20	1574.50	1579.20
16	1576.45	1577.65	1576.95	1576.20	1575.60	1580.15
17	1579.20	1579.60	1578.85	1577.35	1577.40	1581.40
18	1580.90	1582.95	1582.80	1582.55	1580.65	1583.50
19	1581.60	1583.70	1583.85	1583.85	1582.30	1584.90

6.2.1.2　钢绞线的长度差值计算

以下为足尺模型穿束试验钢绞线的长度差值数据统计图表(图6-5、表6-2)。

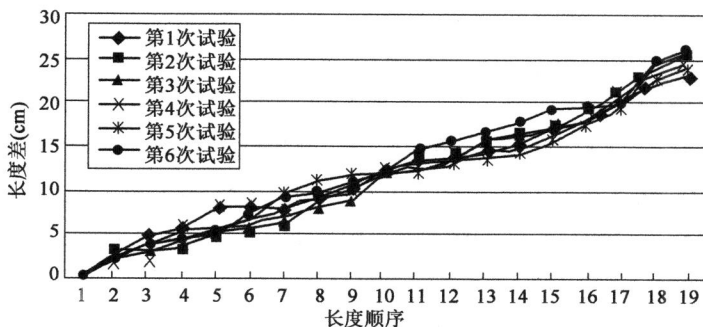

图6-5　ϕ100 mm 波纹管道内钢绞线长度差值分布图

ϕ100 mm 波纹管道内钢绞线的长度差值(单位:cm)　　　　表6-2

长度顺序	试验					
	第1次	第2次	第3次	第4次	第5次	第6次
1	0	0	0	0	0	0
2	3.15	2.75	2.45	2.15	2.35	2.00
3	4.70	2.90	3.60	2.30	2.95	4.00

长度顺序	试验					
	第1次	第2次	第3次	第4次	第5次	第6次
4	5.00	3.40	5.55	5.25	4.35	4.35
5	5.60	5.45	5.60	7.95	5.25	4.80
6	6.60	5.55	6.35	8.05	6.60	7.40
7	7.60	6.20	6.75	8.35	9.60	9.20
8	9.30	9.05	8.30	9.45	10.95	10.00
9	10.70	10.10	8.70	10.85	11.65	11.00
10	11.90	12.25	11.90	12.35	12.05	12.15
11	12.25	13.25	13.20	13.40	12.15	14.95
12	12.80	13.40	13.80	13.75	13.55	15.65
13	14.40	15.90	15.80	14.45	13.75	16.80
14	14.50	16.30	16.40	15.35	15.60	17.70
15	16.25	17.00	17.20	16.95	16.65	20.30
16	18.00	19.35	17.90	17.95	17.75	21.25
17	20.75	21.30	19.80	19.10	19.55	22.50
18	22.45	24.65	23.75	24.30	22.80	24.60
19	23.15	25.40	24.80	25.60	24.45	26.00

6.2.1.3 张拉伸长值测量

采用 400 t YCW 穿心千斤顶整体张拉 19 根钢绞线,测量每根钢绞线的锚下钢绞线应变值和整束钢绞线伸长值。张拉控制应力为 $\sigma_{con} = 0.75 \times 1850$ MPa $= 1395$ MPa。在 $0 \rightarrow 25\% \sigma_{con}$ 和 $25\% \rightarrow 100\% \sigma_{con}$ 张拉过程中分级测量整束钢绞线伸长值,数据见表 6-3,实际伸长量均超限,约在 20% ~40% 范围内。

逐根穿束、整束张拉至设计值试验数据　　　　表 6-3

实测伸长量	第1次	第2次	第3次	第4次	第5次	第6次
$0 \rightarrow 25\% \sigma_{con}$ 实测伸长值(mm)	87	89	86	83	99	94
$25\% \rightarrow 100\% \sigma_{con}$ 实测伸长值(mm)	97	98	88	105	89	96
实测伸长量计算*(mm)	129.3	130.7	117.3	140	118.7	128

注:* 伸长值计算公式:$L_s = L_1 + L_2$。其中,L_1 为从初应力至最大张拉应力间的实测伸长值(mm);L_2 为初应力以下的推算伸长值(mm),可采用相邻级的伸长值。

6.2.2 整束穿束工艺试验

在本足尺模型钢筋绑扎时,试验人员在一旁将钢绞线束严格编束,套入塑料波纹管,在现场工人协助下抬到钢筋骨架中定位,之后进行了混凝土浇筑。待混凝土强度达到张拉条件后,进行了一次整束张拉试验,如图6-6所示。

图6-6 整束穿束试验

试验结束后,将该束钢绞线放张,抽出重新编束。并按计划再次穿入。利用卷扬机牵引进行整束穿束时,钢绞线在弯道处受阻,难以通过。为避免损坏孔道,影响后续试验的实施,将钢绞线抽出。因此只做了一次整束穿束并整束张拉的试验。试验数据见表6-4、表6-5。

整束穿束、整束张拉至设计值的试验数据 表6-4

长度差(mm)		163
25%σ_{con}实测伸长值(mm)		78
25%→100%σ_{con}实测伸长值(mm)		86
实测伸长值计算*(mm)		115
整束张拉至设计值时, 单根应力实测值	最小值(MPa)	1165.39
	最大值(MPa)	1520.19
	应力不均匀系数 η	0.254

注:*伸长值计算公式:$L_S = L_1 + L_2$。其中,L_1为从初应力至最大张拉应力间的实测伸长值(mm);L_2为初应力以下的推算伸长值(mm),可采用相邻级的伸长值。

整束穿束、整束张拉至设计值试验单根钢绞线应力实测值　　　　表 6-5

钢绞线序号	钢绞线应力值(MPa)	钢绞线序号	钢绞线应力值(MPa)
1	1295.16	11	1391.79
2	1361.79	12	1291.18
3	1463.07	13	1421.14
4	1345.19	14	1443.50
5	1460.88	15	1226.93
6	1307.29	16	—
7	1617.72	17	1459.60
8	1293.43	18	1293.41
9	1447.90	19	1428.90
10	1314.51	—	—

从表 6-4 和表 6-5 中可以看出,整束穿束、整束张拉至设计值,该工艺长度差比较小,应力不均匀程度相对较低。主要原因是整束穿束时,钢绞线要进行编束,编束后钢绞线紧密排列,穿束后钢绞线不会互相缠绕,单根钢绞线应力值比较一致。

6.2.3　逐根穿束工艺试验

逐根穿束是将 19 根钢绞线以单根的方式,逐一穿入小半径预应力孔道内。由于单根逐一穿束,先穿的钢绞线比较容易穿入,后穿的钢绞线穿入就困难,且钢绞线之间可能互相缠绕,各根钢绞线的原始长度离散程度比较大,如图 6-7 所示。逐根穿束工艺可采用以下三种张拉方式:①逐根穿束、整束张拉至设计值;②逐根穿束、逐根张拉至设计值;③逐根穿束预张、逐根预张、整束张拉至设计值。

图 6-7　逐根穿束工艺试验

6.2.3.1　逐根穿束、整束张拉至设计值

根据试验数据,汇总整理见表6-6、图6-8。

逐根穿束、整束张拉至设计值试验数据

表6-6

试验参数		第1次	第2次	第3次	第4次	第5次	第6次
长度差(mm)		232	254	248	256	245	260
0→25% σ_{con} 实测伸长值(mm)		87	89	86	83	99	94
25%→100% σ_{con} 实测伸长值(mm)		97	98	88	105	89	96
实测伸长值计算*(mm)		129	131	117	140	119	128
整束张拉至设计值时,单根应力实测值	最小值(MPa)	1038.18	1041.30	1041.69	1073.67	1042.47	982.41
	最大值(MPa)	1677.20	1752.47	1758.32	1720.10	1724.78	1890.53
	应力不均匀系数 η	0.458	0.510	0.514	0.463	0.489	0.651

注:*伸长值计算公式:$L_S = L_1 + L_2$。其中,L_1为从初应力至最大张拉应力间的实测伸长值(mm);L_2为初应力以下的推算伸长值(mm),可采用相邻级的伸长值。

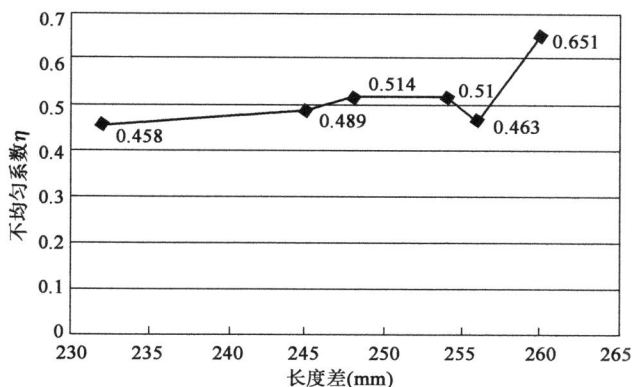

图6-8　逐根穿束、整束张拉至设计值工艺的长度差与不均匀系数关系图

从表6-6、图6-8中可以看出,逐根穿束、整束张拉,长度差比较大,应力不均匀程度相对较高。主要原因是逐根穿束时,钢绞线离散性大,部分发生缠绕,长度差与应力不均匀程度有一定的正相关性。部分钢绞线应力偏大,可能导致断丝。

6.2.3.2　逐根穿束、逐根张拉至设计值

逐根穿束、逐根张拉至设计值是将19根钢绞线逐根穿束,然后逐根张拉至单根钢绞线的设计拉力值,该设计拉力值是指将控制应力1395 MPa乘以单根钢绞线的截面面积得到的拉力值。

试验中,油压表开始有稳定读数时记录初始伸长值,张拉到设计值时记录最终伸长值,将两者的差值作为该根钢绞线的伸长值。记录每根钢绞线的伸长值。限于篇幅,此处只列出 19 根钢绞线中最大的伸长值和最小的伸长值见表6-7、表6-8。

逐根穿束、逐根张拉至设计值试验数据 　　　　　表 6-7

试验参数		第1次	第2次	第3次
长度差(mm)		256	241	249
单根伸长值(mm)	最大值	102	99	105
	最小值	80	76	73

第 1 次逐根穿束、逐根张拉至设计值试验数据 　　　　表 6-8

钢绞线序号	开始张拉至油压表有稳定读数伸长值(mm)	达到控制拉力时的总伸长值(mm)	单根钢绞线伸长值(mm)
1	81	170	89
2	76	169	93
3	99	189	90
4	101	203	102
5	83	180	97
6	58	141	83
7	73	162	89
8	77	164	87
9	71	160	89
10	82	171	89
11	85	173	88
12	69	161	92
13	88	170	82
14	74	154	80
15	97	190	93
16	74	169	95
17	74	169	95
18	68	164	96
19	65	150	85

从表6-7、表6-8中可以看出,逐根穿束、逐根张拉,钢绞线伸长量的离散性相当大。主要原因是逐根穿束时钢绞线本身存在缠绕绞捻。前部分钢绞线张拉完成后,后部分张

拉的钢绞线可能被前面张拉完成的钢绞线压住,导致后面的张拉钢绞线伸长值比较小,直线段产生的应力值比较大。因此,伸长值离散程度比较大,使张拉后各根钢绞线的应力也很不均匀,且可能导致断丝。

6.2.3.3 逐根穿束、逐根预张、整束张拉至设计值

试验中,每根钢绞线预张到油压表开始有稳定读数时(单顶油压表读数约 1～2 MPa),到另一端补预张。卸除单顶,安装 450 t 穿心式千斤顶张拉,直接记录整体张拉阶段的伸长量作为伸长值。同时,在主张拉顶锚下测量单根钢绞线应力值,数据见表 6-9。

逐根穿束、逐根预张、整束张拉至设计值试验数据　　　　　　　　　　　表 6-9

试验参数		第 1 次	第 2 次	第 3 次
长度差(mm)		241	236	230
整体张拉阶段伸长值(mm)		101	104	103
整束张拉至设计值时,单根应力实测值	最小值(MPa)	1287.49	1267.89	1247.58
	最大值(MPa)	1491.78	1400.27	1433.91
	应力不均匀系数 η	0.146	0.095	0.134

在忠建河特大桥施工中,对 6 号索塔 51 节段两束 N1 钢绞线采用了逐根穿束、逐根预张、整束张拉至设计值的工艺。因现场条件所限,当时未能完成应力测试。试验数据记录整理后的伸长值见表 6-10。

实桥应用逐根穿束、逐根预张、整束张拉工艺的伸长值试验数据　　　　　表 6-10

试验参数	第 1 次	第 2 次
0→25% σ_{con} 实测伸长值(mm)	30	33
0→25%→50% σ_{con} 实测伸长值(mm)	59	63
0→25%→50%→100% σ_{con} 实测伸长值(mm)	96	102
"50% +100% −2×25%"伸长值	95	99
实测伸长值计算*(mm)	96	104

注:*伸长值计算公式:$L_S = L_1 + L_2$。其中,L_1 为从初应力至最大张拉应力间的实测伸长值(mm);L_2 为初应力以下的推算伸长值(mm),可采用相邻级的伸长值。

依据桥梁施工规范的伸长值计算公式,用相邻级 25%→50% σ_{con} 替换 0→25% σ_{con} 实测伸长值,两组 N1 钢束得到的伸长值分别为 95 mm、99 mm,而 0→25%→50%→100% σ_{con} 实测伸长值分别为 96 mm、102 mm,这两个值非常接近。这一结果表明,逐根穿束、逐根预张很好地消除了单根钢绞线的无效伸长量。

逐根穿束、整束张拉至设计与逐根穿束、逐根预张、整束张拉至设计值试验数据如图 6-9 所示。

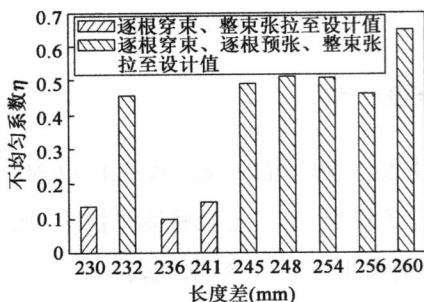

图 6-9　钢绞线长度差与不均匀系数关系图

从表 6-9、表 6-10 和图 6-9 中可以看出，逐根穿束、逐根预张、整束张拉工艺下，伸长值和不均匀系数较前面几种穿束、张拉工艺小得多。应力不均匀性得到改善的原因是逐根穿束、预张拉可以减小钢绞线长度差值，基本完成钢绞线束的重排列，使整束张拉后钢绞线的应力比较均匀分布。

6.3　专利技术

普通穿心式千斤顶，主要用于群锚整体张拉。穿心式千斤顶的构造特点是沿千斤顶轴线有一穿心孔道，供预应力筋或张拉杆穿过。它的两个液压缸分别负责张拉和顶压锚固，张拉活塞采用液压回程，顶压活塞采用弹簧或液压回程。

分析试验数据发现：穿束后，预应力筋初始长度差别较大，预应力筋束采用普通穿心式千斤顶整束张拉后，不同初始长度的预应力筋伸长了相同长度，因此，各根预应力筋应力非常不均匀，为了降低这种初始长度差导致的预应力筋应力不均匀，设计了自适应智能张拉千斤顶，以消除穿束后钢绞线初始长度差别，降低张拉后预应力筋应力不均匀的情况，并申请了发明专利。

该专利开发了一种多孔工具锚（图 6-10、图 6-11）及钢绞线的预应力张拉系统（图 6-12、图 6-13），在锚板座体上设置多个相互连通的缸体，并将锚板底座上的缸体与压力缸相连通。使用过程中，将每一根钢绞线穿过动力塞中部，通过穿心千斤顶带动动力塞，改变缸体内的压强，从而推动活塞运动，以实现对钢绞线的张紧。由于缸体之间相互连通，并与压力缸相连通，每个活塞上受到的压力完全相同，从而保证了每一根钢绞线上的张拉应力一致。具体构造如图 6-10 ~ 图 6-13 所示。

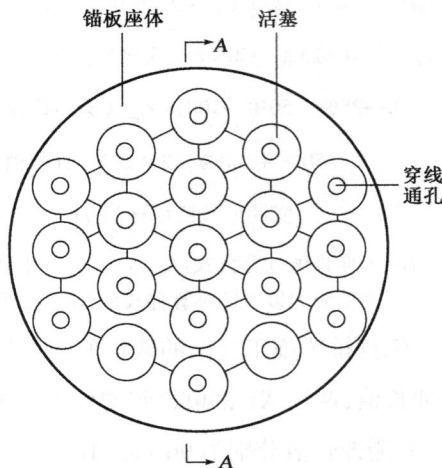

图 6-10　多孔工具锚的正视图

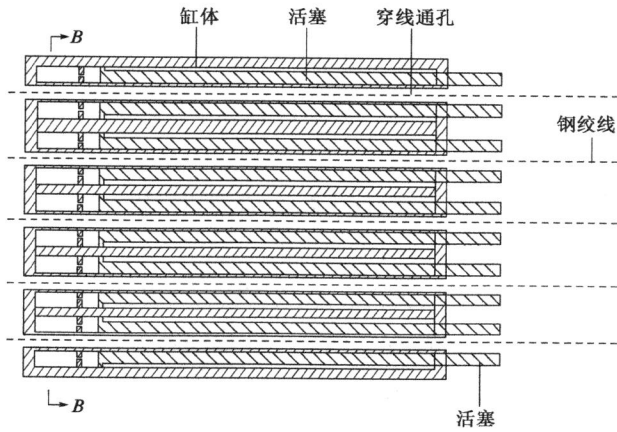

图6-11　多孔工具锚的 $A—A$ 断面示意图

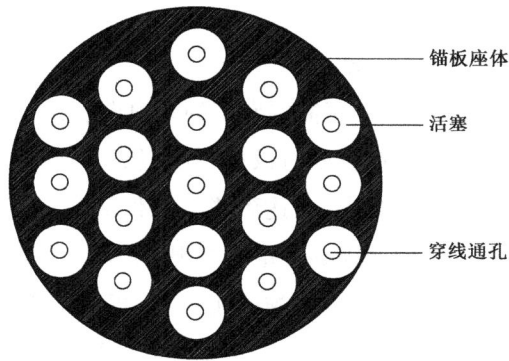

图6-12　$B—B$ 断面剖视图

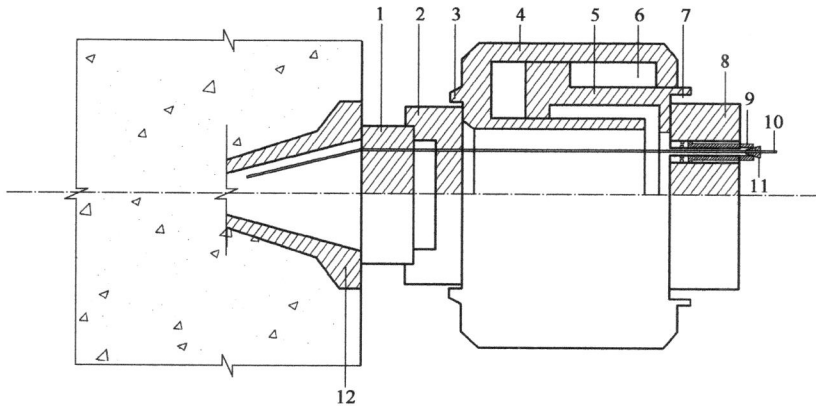

图6-13　钢绞线的预应力张拉系统的剖视图

1-固定板;2-限位板;3-凸起环;4-穿心千斤顶;5-动力塞;6-压力缸;7-沉头槽;8-锚板座体;9-活塞;10-钢绞线;11-工具夹片;12-喇叭管

6.4　本章小结

经足尺模型试验分析比较,以下两种工艺方法的效果较好。

(1)整束穿束、整束张拉。

该方法的优点是钢绞线编束后排列紧凑,无绞捻,长度差比较小,所以应力不均匀系数较小(约25%的应力波动)。其缺点是塔柱爬架空间有限,整束穿束难度大,牵引设备安装、转向设备的配套非常困难。采用更大内径的波纹管虽可减小穿束阻力,但会增大不均匀程度。如果采用在足尺模型上使用的预先穿束埋管的方法,则受劲性骨架、普通钢筋的干扰,极难实现。

(2)逐根穿束、逐根预张、整束张拉。

该施工工艺的优点是穿束方便,不需要专门的牵引设备,可以人工完成逐根穿束,伸长量的测量直接单一。其缺点是钢绞线有绞捻,克服绞捻的方法是逐根预张,但预张比较耗费人力。可在混凝土终凝后穿束,在达到张拉条件的前一天完成预张,就不会影响工期。如果钢绞线应力不均匀问题得到了足够重视,控制措施具体要求进入施工规范条文,承包人可在投标时考虑额外的施工措施费用,适度提高工程量清单中该预应力筋支付项的报价;或业主增设专项经费,要求施工单位完成预张。

为了消除穿束后钢绞线初始长度差,设计了自适应智能张拉千斤顶,有效降低了张拉后预应力筋应力不均匀程度,并申请了发明专利。

参考文献

[1] 李国平.预应力混凝土结构设计原理[M].2版.北京:人民交通出版社,2009.

[2] 叶见曙.结构设计原理[M].5版.北京:人民交通出版社股份有限公司,2021.

[3] 邵旭东.桥梁工程[M].6版.北京:人民交通出版社股份有限公司,2023.

[4] 牛祥恒,翟晓亮.大跨度斜拉桥索塔锚固形式对比分析[J].公路,2021,66(3): 97-100.

[5] 彭军安,薛锟,张鹤,等.斜拉桥索塔锚固区环向预应力筋优化方法研究[J].桥梁建设,2024,54(2):57-63.

[6] 张金涛,傅战工,李镇,等.常泰长江大桥主航道桥索塔锚固构造研究[J].世界桥梁,2023,51(5):97-103.

[7] 牟兆祥,马广,张雷.四线铁路斜拉桥索塔锚固区环向预应力设计研究[J].世界桥梁,2020,48(3):17-21.

[8] 王念.商合杭铁路芜湖长江公铁大桥桥塔环向预应力技术[J].桥梁建设,2019,49(4):7-12.

[9] 刘超,徐书缘,孙利军,等.斜拉桥索塔锚固区环向预应力布置形式研究[J].世界桥梁,2018,46(5):7-12.

[10] 加林.弹性理论的接触问题[M].王群健,译.北京:科学出版社,1958.

[11] JOHNSON K L. Contact Mechanics[M]. Cambridge, Eng.: Cambridge University Press,1985.

[12] JOHNSON K L.接触力学[M].徐秉业,罗学富,刘信声,译.北京:高等教育出版社,1992.

[13] 艾伯哈特,胡斌.现代接触动力学[M].南京:东南大学出版社,2003.

[14] 庄苗,朱万旭,彭文轩,等.预应力结构锚固-触力学与工程应用[M].北京:科学出版社,2006.

[15] 冯登泰.接触力学的发展概况[J].力学进展,1987(4):431-446.

[16] 郭小明,赵惠麟.工程结构接触问题的研究及进展[J].东南大学学报(自然科学版),2003,9(5):577-582.

[17] 蒲军平,姚振汉.二维接触问题边界元法的研究进展[J].天津理工学院学报,2000(3):42-50.

［18］ 李妍.基于 ANSYS 软件的接触问题分析及在工程中的应用［D］.长春:吉林大学,2004.

［19］ 郭晔,吴佳晔,黄新.基于 Hertz 接触理论的混凝土表层性能的检测方法［J］.混凝土理论研究,2008(11):49-51.

［20］ 朱炳文.关于挤压应力"假定计算"问题的讨论［J］.华侨大学学报(自然科学版),1988(2):92-94.

［21］ 陈景丽,沈峰,刘敬,等.丹江口水库特大桥桥塔设计［J］.桥梁建设,2023,53(3):95-101.

［22］ 项贻强,易绍平,杜晓庆.南京长江二桥南汊桥斜拉索塔节段足尺模型的研究［J］.土木工程学报,2000,33(1):15-22.

［23］ 刘钊,孟少平,吕志涛.两座大型斜拉桥索塔锚固区模型试验及对比研究［J］.中国工程科学,2003,5(12):48-54.

［24］ 叶华文,强士中.厦门马新大桥索塔锚固区受力性能试验研究报告［R］.成都:西南交通大学,2012.

［25］ 陶齐宇.大跨度斜拉桥预应力混凝土索塔关键问题研究［D］.成都:西南交通大学,2012.

［26］ 唐红元,孟少平,刘钊.斜拉桥索塔锚固区环向预应力束张拉控制研究［C］.中国公路学会桥梁和结构工程分会.2004 年全国桥梁学术会议论文集.北京:人民交通出版社,2004:489-493.

［27］ 陈建阳,徐国平,刘丽,等.大吨位小半径环向预应力在斜拉桥索塔锚固区中的应用研究［J］.桥梁建设,2001(2):12-151.

［28］ 项贻强,陈国强.鄱阳湖口大桥索塔节段足尺模型试验与分析研究［J］.中国公路学报,2000,13(10):74-78.

［29］ Federation Internationale de la Precontrainte. Tensioning of tendons:force-elongation relationship［M］. London:Thomas Telford Publishing,1986.